The Lake French Classics

BEAUMARCHAIS'S

LE BARBIER DE SÉVILLE

AND

LETTRES

EDITED WITH INTRODUCTION AND NOTES

BY

GEORGE D. FAIRFIELD, A.M.
PROFESSOR OF ROMANCE LANGUAGES, UNIVERSITY OF ILLINOIS

CHICAGO
SCOTT, FORESMAN AND COMPANY
1902

COPYRIGHT, 1902, BY
SCOTT, FORESMAN AND COMPANY

TYPOGRAPHY BY
MARSH, AITKEN & CURTIS COMPANY

The Lake French Series

EDITED BY

EDOUARD PAUL BAILLOT

Professor of Romance Languages in the Northwestern University

BEAUMARCHAIS

PREFACE

Argument is hardly necessary to suggest the importance of some acquaintance with Beaumarchais — for
students who aim at a comprehensive grasp upon
French literature.

To say nothing further as to his place in French let-
ters, Beaumarchais is deserving of more than a passing
notice because of his position of influence in the colonial
struggles of our country.

In the preparation of Notes and Introduction, the
editor acknowledges his indebtedness to the critical
essays of Brunetière, Sainte-Beuve, Saintsbury, and
others; to the scholarly editions of *Le Barbier de
Séville* by Austin Dobson and Professor Spiers; and to
John W. Foster's *Century of American Diplomacy*.

GEORGE D. FAIRFIELD.

UNIVERSITY OF ILLINOIS,
May, 1902.

CONTENTS

FRENCH LITERATURE

COMEDY FROM MOLIÈRE TO BEAUMARCHAIS

Molière achieved a great success in teaching his fellow-dramatists to yield themselves more to the guidance of nature in order to raise the drama from the position of copying stock subjects. In this alteration of the spirit and style of the drama, his influence upon the stage was fundamental and lasting. A poor writer living after Molière could hardly write so bad a comedy as some writers of talent had written before him. His great successes raised the reputation and the standard of the comedy writer, created a demand for comedy, and led to its subdivision into different kinds. Comedy was represented in Paris in the eighteenth century by four different theatres each of which had a special kind of drama. There was the Comédie Française, the successor of Molière's own company, which played mainly what we call legitimate comedy. There was the Comédie Italienne, established permanently in Paris at this time, in which the same kind of dramas were played, adjusted somewhat to the stock characters of Italian comedy. There was the Opéra Comique which became more popular as the French learned to enjoy the musical dramas. And lastly, there were the minor theatres and street fairs which acted short comic operettas and farces known later as Vaudeville.

11

Now while these differed in literary value, they all
afforded employment to writers of ability; Vaudeville
was written in great numbers by·Lesage, by Piron
and other wits of the day, and was always popular.
Most of the pieces for the Comédie Française, for a
hundred years, were modeled upon Molière. The
excellence of his work and the popularity of his
drama inspired many imitators. At the same time,
this imitation was not slavish; new features are to be
seen in these general resemblances; and the comedy
of character gradually changes into the comedy of
manners. This is evident in the works of Dancourt
(1661-1725) who wrote his first comedy in 1686 and
who, like Molière, was an actor-author. In this new
phase of comedy greater importance is attached to
current events; and while some of the old subjects are
used, the befooled guardian for instance, the manners
of the day are more exactly reflected, and scraps
of dialogue are transported from real life upon the
stage. All this suggests the coming movement so
peculiar to the eighteenth century: freer thinking,
freer talking, a renunciation or rather a contempt for
tradition, a rage for novelty. Regnard (1655-1709) and
Dufresny (1648-1724), whose best plays were produced
just at the opening of the new century, are interesting
examples of this transition. Regnard wrote some good
comedies in evident imitation of Molière, and even
better ones in somewhat different style; the latter, *Les
Folies Amoureuses* and *Le Légataire Universel*, are considered his masterpieces. One of Dufresny's ideas was
to emancipate himself from what he felt to be the

influence of Molière. Lesage (1668-1747) produced a
play about this time, *Turcaret* (1709), which included
the novel features of Dancourt's plays and yet followed closely the Molièresque tradition in depicting the
character of Turcaret, the low-born financier, who
was courted for his wealth by the hereditary aristocracy.
His *Gil Blas* might be called a comedy, the satire of
manners being transferred from the stage to books.
He also early illustrated another tendency that became
a conspicuous feature in the literature of this century:
borrowing from cotemporary foreign literatures.   He
translated novels, dramas, and comedies from the
Spanish.   The influence of English cotemporary writers, also, becomes more and more conspicuous, and this
influence was evidently welcomed.   This is only another
phase of the renunciation of classic traditions just men-
tioned.   Destouches (1680-1754) aimed at producing
plays which should be serious and edifying; one of the
best of these is *Le Glorieux*.   His importance lies in
the fact that in substituting the sentimental for the
humorous interest in comedy, he seems to be the pre-
cursor of a coming movement, the prophet announcing
La Chaussée and the *comédie larmoyante*.   Piron,

—qui ne fut rien,
Pas même Académicien,

worked chiefly for the irregular boards, but he wrote
one comedy, *Le Métromanie*, which became immediately
a stock play, and which with *Le Méchant* of Gresset,
produced in 1747, are the best comedies in verse of the
century.

Comedy soon. showed a farther impress from actual social conditions. Disintegration had already begun; aristocracy was losing power; the stage which had mirrored the brilliant and elegant society of the past was, now called upon to reflect a mixture of classes and fortunes. Amid this social confusion, the influence of woman increases and pervades again the realm of politics. Writers were therefore soon alive to the necessity of pleasing women, and if they hoped for success or influence, to the necessity of interesting them. Hence moral and domestic affections are given freer scope in comedy. Marivaux (1688-1763) was one of the earliest exponents of this new comedy of sensibility; the women's parts in his plays were made more important and more touching; there is less of satire and more of sentiment; and along with the wit there is a studied elegance, an excessive refinement of speech; the characters analyze their own thoughts and sentiments interminably and in language charming enough, perhaps, but generally affected. This tendency was so marked that this style of writing has ever since been known as *marivaudage.* Its peculiarities reproduced by Richardson and Sterne reappeared in France later in the century through the widespread popularity of these two English novelists.

One can see the easy transition from *marivaudage* to the comedy of tears which became so prominent about the middle of the eighteenth century. This attempt to introduce a new treatment of the drama was made chiefly by a dramatist La Chaussée and a great critic, Diderot. The new species of play was called indifferently *comédie larmoyante, tragédie domestique, comédie mixte, drame bourgeois* or simply *drame*. In these plays the comic element gradually yields to the pathetic, laughter becomes subordinate to tears. The fresh departure of La Chaussée consisted chiefly in treating seriously the same incidents of ordinary existence as are found in the comedies of Dancourt and Marivaux, in order to provoke a sort of tragic emotion. As the apostle of the new comedy, Diderot announced more definitely its limits; its object was rather the glorification of private and domestic virtue than the satire of vice. However, his own illustrations of the theories were unfortunate as his plays were flat and tiresome and possess to-day merely a literary interest. On the contrary, Sedaine (1719-1797), who followed in 1765 with the *Philosophe sans le savoir* achieved a real success. The first title of this little comedy was *Le Duel* against which it was directed. *Le Philosophe* seems to realize the conception of Diderot, who recognized the superiority of the work in his generous remark upon Sedaine: *Cet homme me coupe l'herbe sous le pied.* And further, this seems to be the first drama constructed on the same lines followed by the great dramatists a century later.

Enfin Beaumarchais vint—the only comedy writer of any importance in the last third of the century. Early in 1767 appeared his *Eugénie*, the next example of the serious drama. In a long preface the author expounds his theories. He protests against the absorption of tragic interest by kings and queens and insists that the ordinary spectator enjoys more the spectacle of life that approaches more nearly his own. He declares for a dis-

tinct third class of drama, the *drame sérieux*, to oc-
cupy an intermediate place between tragedy and comedy.
The scenes were to be from ordinary life; the language simple, natural prose; and the only coloring
*le langage vif, pressé, coupé, tumultueux et vrai des
passions*. Here we see exemplified the two dominant
notes of all the comedy of the century up to this point:
an heroic effort to break away into something new and
something passionate. Hence *Eugénie* may be regarded
possibly as the forerunner of modern melodrama. It
was not quite a complete failure and the author
felt encouraged three years later, to produce another
piece of the same class: *Les Deux Amis*, which suc-
ceeded no better. For Beaumarchais was not qualified
for the *drame sérieux* and the times were chang-
ing. Life in every aspect was largely influenced
by the philosophy of the day. From the English, Voltaire had borrowed "their noble freedom of thought,"
and this new trend of thought which permeated French
manners, society, politics, and religion seemed contrary,
hostile indeed, to the old ideals in French institutions
and French literature. The philosopher Helvétius
proclaimed "emancipation from tradition the very
essence of progress." What wonder, then, that comedy
should become again a political engine and find its
exponent in Beaumarchais, who was preëminently the
consummate politician? If comedy were ever the
expression of society it was in those strenuous, troublous
times. Tradition was completely renounced; *marivaudage*, sensibility, melodrama were all too tame and out of
fashion. The whole drift of his later masterpieces was

to satirize the privileged classes, not for mere foibles but from the standpoint of politics and the rights of man.   And yet we see the author still influenced to a degree by tradition, for he harked back to Regnard and to Molière for the old subject: the guardian of old comedy, duped by the ingénue.   Figaro may be Beaumarchais himself drawn from life, but he is after all the valet of old comedy, the last of the Crispins and Scapins. Beaumarchais's great success only came when he thus resumed the tradition of Molière: his inspiration was classic.

To resume in a word,—the comedy of the eighteenth century seems to be successively dominated by three influences: first, a renunciation of tradition, a more or less successful effort to break away from the classic ideal; second, the incursion of sensibility and sentiment which culminates in the comedy of tears; and third, the influence of the iconoclastic philosophy and strenuous politics leading to the Revolution.   Beaumarchais seems to be the last link in the chain; he closed not only a century but an epoch in French comedy.

LIFE AND WORKS OF BEAUMARCHAIS

Pierre-Augustin Caron, who later assumed the name of Beaumarchais, was born at Paris on the 24th of January, 1732.   His father was a watchmaker in the Rue Saint-Denis.   The family of ten children was brought up in comparative comfort.   We have no very definite data upon the boy's early education; we know that his sisters were musical and given somewhat to poetry.   At thirteen the future dramatist was apprenticed to his father's trade, and apparently devoted himself to his business, for a few years later he invented and perfected a new escapement. The credit for this was claimed by another, but an energetic protest on the part of young Caron procured a decision of the Académie des Sciences in his favor. This incident, simple in itself, was a turning-point in the career of the watchmaker, for it brought him to the attention of the court at Versailles. He had tact, ambition, youth, and good looks; and before long he held the post of *contrôleur* in the household of the king. In 1756 he married Madame Franquet, a widow, and took the name of Beaumarchais from a very little fief belonging to the lady. The uncertain nature of this fief, existing possibly only in fancy, gave rise to the taunt of an adversary that "he borrowed his name from one of his wives and lent it to one of his sisters." He did not acquire the absolute right to call himself "de Beaumarchais" until five years after his marriage.

In the meantime his wife died and left him with impaired resources. Fortune, however, soon smiled again upon him. Coming from a musical family he played the flute and harp, and he was soon chosen preceptor and organizer of concerts in the king's household, a position which yielded him certain advantages. Unfortunate enough to kill an opponent in a duel, Beaumarchais escaped punishment through the intervention of the princesses, whose influence largely enabled him to hold one court sinecure after another for some twenty years.

Nearly the whole of the year 1764 Beaumarchais spent

in Spain, and this residence doubtless lent some direction to his famous dramatic works.   The chief pretext for this sojourn was the protection of a sister who was betrothed to a Spanish *littérateur* at Madrid.   But Beaumarchais lingered several months in Spain dividing his time between commercial speculations and concerts and fêtes; something of the southern warmth and flavor seems to have colored his imagination and his memory till death.

At the age of thirty-five he made his earliest dramatic venture, *Eugénie*, a drama in five acts in prose.   It was played in the Théâtre Français in January 1767, and ill received.   Skillful alterations, however, made promptly after the first performance, gave it a brief success, and two years later it was transferred to the English stage under Garrick's auspices as "The School for Rakes."   The doubtful success of *Eugénie* was just enough to encourage him to produce another piece of the same class.   This was *Les Deux Amis*, brought out by the Comédie Française in January 1770, and played eleven times to lessening audiences.

Between this second essay and the appearance of the *Barbier de Séville* there is an interval of five years, the most eventful in the life of Beaumarchais.   He had married again in 1768, his second wife being the young and beautiful widow, Madame Levesque; and he was speculating successfully with the famous financier Pâris-Duverney.   Then, in 1770, he lost both his wife and his colleague, and thereupon began the series of lawsuits which made him the most conspicuous man in France.   The first suit was brought by the Count de la Blache, nephew and heir of Duverney, long jealous of Beaumarchais's influence over his uncle, and who charged him with fraud and forgery; but the Court of First Instance decided in favor of Beaumarchais. Then an unfortunate acquaintance with a young actress, Mlle. Ménard, brought him into personal conflict with the Duc de Chaulnes; and when this episode came to an end Beaumarchais found himself in prison. This was a cruel blow, rendered more crushing by the reversal of the decision of the Court of First Instance in the La Blache case; Beaumarchais was declared guilty of fraud, his revenues confiscated, and his goods seized. When released from prison he was ruined and dishonored. At this stage arose a new lawsuit in which popular feeling became interested in his success and from which he emerged a popular idol. An apparent trifle, a question of the detention of a miserable bribe of fifteen louis by the wife of an Alsatian counsellor named Goëzman brought Beaumarchais into collision with the new and unpopular Parliament of Paris, and his private quarrel became a public grievance through the general dissatisfaction with the new magistracy. In the *mémoires* or pleadings in this case, Beaumarchais found fame. They attracted the attention of the king and made a stir even in England and Germany. Voltaire wrote of him: *Quel homme! il réunit tout: la plaisanterie, le sérieux, la raison, la gaieté, la force, le touchant, tous les genres d'éloquence.*

Thereupon followed another year of varied adventures in England, Vienna, and Paris which show the versatility and ready wit of Beaumarchais, but hardly redound to his moral reputation. In 1775 came his first great dramatic success, *Le Barbier de Séville*. Composed three years before as an *opéra-comique*, it had been refused by the Comédie Italienne. One explanation attributes this refusal to the influence of Clairval, the leading actor, who had himself been a barber in early life and had no desire to play the character of Figaro. Rearranged as a comedy, it was accepted by the Théâtre Français. The first arrangements to bring it out were interrupted by the imprisonment of Beaumarchais. Finally, after another ineffectual attempt, it was brought out in February 1775. Sprinkled with local allusions and satire upon his enemies, the play was expected with great interest. And then it proved a dismal failure. But the author so rapidly and skillfully remodeled it that the "failure of Friday was a great success on Sunday." Whence the author's irony upon the title-page of earliest editions of the play: *représentée et tombée sur le théâtre de la Comédie française*. In the two days' interval, however, the play was considerably changed; the most objectionable passages were struck out, and scenes were transposed or shortened. From this second representation its fortune was made.* The plot of the piece is old enough: an old lover intends to marry his ward and a more clever young lover forestalls him. But the individuality of Beaumarchais is seen in the freshness of com-

---

* It is of interest to note somewhat similar experiences of Sheridan with *The Rivals;* he was the contemporary of Beaumarchais and resembled him in his talent and in his life. See Taine's "English Literature," *et al.*

bination, vivacity of dialogue, and in the creation of
that ingenious "scene-shifter" whose intrigues pervade
the piece, the inimitable Figaro. Here is a distinct
creation; he is not only witty, impertinent, ingenious,
and gay, but he is the man of his generation, the cynic
qui ose rire en face at all rank and prerogative. In the
Mariage de Figaro, nine years nearer the Revolution,
his character has developed, his irony is more biting,
his criticism of monarchy more merciless. *Le Mariage*
appeared upon the stage only after a long struggle with
the king and the court. Louis XVI. seems to have
foreseen the force and dire results of its scathing sar-
casms upon things in general and vested rights in par-
ticular. But as he believed it must fail, he was finally
induced to let it be played. Already made familiar by
private readings, the play was awaited by the public
with excited curiosity. The first night was almost a
riot; crowds besieged the doors; women of quality
waited there for hours; three persons were stifled in the
mad rush as the audience fought its way in. The
triumph of the play was tumultuous. As Beaumarchais himself said: *Il y a quelque chose de plus fou que
ma pièce, c'est son succès.* Represented more than a
hundred times, this play was one of the great political
events of the day. Napoleon is said to have remarked
of Figaro that he was *la Révolution déjà en action.*
Historians have found in it the "prologue to the Revolution." Beyond a doubt it had some place in the general movement of disintegration. French society seemed
ready to respond to the sentiment expressed by Figaro:
Vive la joie! Qui sait si le monde durera encore trois

semaines? After Figaro, the characters in the two plays are relatively unimportant. Le Comte Almaviva as the prototype of aristocracy preserves his grand air in very embarrassing situations; the corruption of his heart does not spoil his good manners; he supports ridicule with decent composure; he replies in good humor not in anger, and he is not always in the wrong. Bazile is the typical calumniator operating by insinuation and implication rather than by open disparagement. Bartholo is the common figure on the French stage: the guardian whom it is every one's duty to deceive. He is vanquished by superior cleverness, but he is deceived with difficulty, and is a foeman worthy of their steel.

A characteristic of both comedies is the strong impress they bear of the author's personality. Events of his life are alluded to frequently; his experiences as watchmaker, music teacher, playwright, contractor, and diplomatic agent; and like his hero he is *partout supérieur aux événements.* So perhaps the absence of any characters in the comedies on which real sympathy or admiration can be bestowed betrays in their creator the lack of the highest and best qualities that command universal regard.

There have been numerous translations and adaptations of these two plays. As early as 1816 Rossini brought out *Le Barbier* as a comic opera, and the music of Mozart has made the *Mariage de Figaro* very familiar.

The remaining incidents of the literary life of Beaumarchais may be rapidly sketched. In 1787 he produced the opera of *Tarare* which was played a score of times during the same year. A few years later he wrote what he regarded as the third play in the Figaro trilogy, the drama entitled *La Mère Coupable*, but it has little claim to rank with the two famous comedies that preceded it.

The life of Beaumarchais has another side less generally known but of the greatest interest. During the years of the American Revolution his untiring activity largely contributed to enlisting the sympathies of the French government in the cause of the American colonies. Historians of the period give him credit for finally winning the approval of the king to the plan which his fertile brain had devised: that of secretly assisting the Americans without compromising the French government. In a memorial to Louis XVI. as early as February 1776, Beaumarchais wrote: "If Your Majesty has not at hand a more clever man to employ in the matter, I undertake and answer for its execution without any one being compromised, persuaded that my zeal will supply my want of talent better than the talent of another man could replace my zeal." So, with the approval and the backing of the government, Beaumarchais established a mercantile house under a fictitious name whose business was to "sell" to the colonies arms and military supplies. And he had even his own cruiser of sixty guns, *Le Fier Roderigue*, which took part in the action off the island of Grenada between the English fleet and Admiral d'Estaing. During the existence of this "firm," from 1776 to 1783, it is said to have disbursed more than twenty million francs, a large part of which was used in the purchase and shipment of military stores for the American army. Beaumarchais, however, had much difficulty in obtaining a settlement of his accounts from the Continental Congress. During every administration for many years his claim was investigated and discussed; but it was not settled until 1831, when it was agreed by treaty that 800,000 francs should be paid by the United States to the heirs of the claimant.

Another of his enterprises was a vast edition of Voltaire's works, which he published from 1783 to 1790. The number of subscribers, however, fell far below his expectations, and the project failed. One of his numerous newspaper controversies over the *Mariage de Figaro* resulted in his arrest and confinement in prison for five days. The king subsequently made *amende honorable* for this piece of hasty tyranny, and the incident served only to increase the extravagant popularity of Beaumarchais. In March 1786, he married for the third time; by this wife he had one daughter, to whom he gave the name of his first play, Eugénie.

About 1790 he built a magnificent house and garden facing the Bastille. A contract to supply the French government with Dutch muskets involved Beaumarchais in much difficulty, and finally forced him to take refuge in Holland as an *émigré*. Here he remained during the reign of terror. In July 1796, he finally returned to Paris only to find his house plundered and gardens wrecked. His last years were spent in prosecuting his claims against the United States and the French government, and in trying to repair his shattered fortune, which, despite all his vicissitudes, amounted at his

death to about a million francs. On the 18th of May,
1799, he was found dead in his bed. His age was
sixty-seven years and three months.

In the latter half of the eighteenth century, Beaumarchais is a prominent figure. While not the highest
type of character, neither was he merely an adventurer.
He was energetic, full of resource, and versatile to an
extraordinary degree. With Voltaire and Rousseau,
he had a powerful influence upon his generation. As a
dramatist, to-day his chief claim to fame, he is one
of a small class of the most witty and most brilliant
of playwrights.

LE BARBIER DE SÉVILLE

ou

LA PRÉCAUTION INUTILE

COMÉDIE EN QUATRE ACTES

PERSONNAGES

(Les habits des acteurs doivent être dans l'ancien costume espagnol.)

LE COMTE ALMAVIVA, grand d'Espagne, amant inconnu de Rosine.

BARTHOLO, médecin, tuteur de Rosine.

ROSINE, jeune personne d'extraction noble et pupille de Bartholo.

FIGARO, barbier de Séville.

DON BAZILE, organiste, maître à chanter de Rosine.

LA JEUNESSE, vieux domestique de Bartholo.

L'ÉVEILLÉ, autre valet de Bartholo, garçon niais et endormi.

UN NOTAIRE.

UN ALCADE, homme de justice.

PLUSIEURS ALGUAZILS ET VALETS, avec des flambeaux.

La scène est à Séville, dans la rue, sous les fenêtres de Rosine, au premier acte; et le reste de la pièce dans la maison du docteur Bartholo.

LE BARBIER DE SÉVILLE

COMÉDIE

ACTE PREMIER

Le théâtre représente une rue de Séville où toutes les croisées sont grillées.

SCÈNE PREMIÈRE

LE COMTE, *seul, en grand manteau brun et chapeau rabattu. Il tire sa montre, en se promenant.*

Le jour est moins avancé que je ne croyais. L'heure à laquelle elle a coutume de se montrer derrière sa jalousie est encore éloignée. N'importe; il vaut mieux arriver trop tôt que de manquer l'instant de la voir.
5 Si quelque aimable de la cour pouvait me deviner à cent lieues de Madrid, arrêté tous les matins sous les fenêtres d'une femme à qui je n'ai jamais parlé, il me prendrait pour un Espagnol du temps d'Isabelleᵒ.— Pourquoi non? Chacun court après le bonheur. Il est
10 pour moi dans le cœur de Rosine.—Mais quoi! suivre une femme à Séville quand Madrid et la cour offrent de toutes parts des plaisirs si faciles!—Et c'est cela même que je fuis. Je suis las des conquêtes que l'intérêt, la convenanceᵒ ou la vanité nous présentent sans cesse.
15 Il est si doux d'être aimé pour soi-même! Et si je pouvais m'assurer sous ce déguisement. . . . **Au diable l'importun!**

29

Scène II

FIGARO, LE COMTE, *caché*.

FIGARO, *une guitare sur le dos, attachée en bandoulière avec un large ruban; il chantonne gaiement, un
papier et un crayon à la main.* 20

> Bannissons le chagrin,
> Il nous consume:
> Sans le feu du bon vin
> Qui nous rallume,
> Réduit à languir, 25
> L'homme sans plaisir
> Vivrait comme un sot,
> Et mourrait bientôt.

Jusque-là, ceci ne va pas mal, hein! hein$^{\square}$!

> Et mourrait bientôt. 30
> Le vin et la paresse
> Se disputent mon cœur.

Eh non! ils ne se le disputent pas, ils y règnent pai-
siblement ensemble. . . .

> Se partagent . . . mon cœur. 35

Dit-on se partagent? . . . Eh! mon Dieu, nos faiseurs
d'opéras comiques n'y regardent pas de si près.
Aujourd'hui, ce qui ne vaut pas la peine d'être dit, on
le chante. (*Il chante.*)

> Le vin et la paresse 40
> Se partagent mon cœur.

Je voudrais finir par quelque chose de beau, de brillant,
de scintillant, qui eût l'air d'une pensée. (*Il met un
genou en terre et écrit en chantant.*)

> Se partagent mon cœur. 45
> Si l'une a ma tendresse,
> L'autre fait mon bonheur.

Fi donc! c'est plat. Ce n'est pas ça. . . . Il me faut
une opposition, une antithèse:

50
         Si l'une . . . est ma maîtresse,
         L'autre. . .

Eh parbleu! j'y suis°. . .

         L'autre est mon serviteur.

Fort bien, Figaro!   (*Il écrit en chantant.*)

55
         Le vin et la paresse
         Se partagent mon cœur;
         Si l'une est ma maîtresse,
         L'autre est mon serviteur,
         L'autre est mon serviteur,
60
         L'autre est mon serviteur!

Hein! hein! quand il y aura des accompagnements là-
dessous, nous verrons encore, Messieurs de la cabale°,
si je ne sais ce que je dis. (*Il aperçoit le comte.*) J'ai
vu cet abbé-là quelque part.   (*Il se relève.*)

65 LE COMTE, *à part.*—Cet homme ne m'est pas inconnu.

FIGARO.—Eh non, ce n'est pas un abbé! Cet air
altier et noble. . . .

LE COMTE.—Cette tournure grotesque. . . .

FIGARO.—Je ne me trompe point: c'est le comte
70 Almaviva.

LE COMTE.—Je crois que c'est ce coquin de Figaro!

FIGARO.—C'est lui-même, monseigneur.

LE COMTE.—Maraud! si tu dis un mot. . . .

FIGARO.—Oui, je vous reconnais; voilà les bontés
75 familières dont vous m'avez toujours honoré.

LE COMTE.—Je ne te reconnaissais pas, moi. Te voilà
si gros et si gras. . . .

FIGARO.—Que voulez-vous, monseigneur, c'est la
misère.

LE COMTE.—Pauvre petit! Mais que fais-tu à 80 Séville? Je t'avais autrefois recommandé dans les bureaux° pour un emploi.

FIGARO.—Je l'ai obtenu, monseigneur, et ma reconnaissance. . . .

LE COMTE.—Appelle-moi Lindor. Ne vois-tu pas à 85 mon déguisement que je veux être inconnu?

FIGARO.—Je me retire.

LE COMTE.—Au contraire. J'attends ici quelque chose, et deux hommes qui jasent sont moins suspects qu'un seul qui se promène. Ayons l'air de jaser. Eh 90 bien! cet emploi?

FIGARO.—Le ministre, ayant égard à la recommandation de Votre Excellence, me fit nommer sur-le-champ garçon apothicaire.

LE COMTE.—Dans les hôpitaux de l'armée? 95

FIGARO.—Non; dans les haras d'Andalousie.

LE COMTE, *riant.*—Beau début!

FIGARO.—Le poste n'était pas mauvais, parce qu'-ayant le district des pansements et des drogues, je vendais souvent aux hommes de bonnes médecines de 100 cheval. . . .

LE COMTE.—Qui tuaient les sujets du roi.

FIGARO.—Ah! ah! il n'y a point de remède universel; mais qui n'ont pas laissé° de guérir quelquefois des Galiciens, des Catalans, des Auvergnats°. 105

LE COMTE.—Pourquoi donc l'as-tu quitté?

FIGARO.—Quitté? c'est bien lui-même°; on m'a desservi auprès des puissances:

L'envie aux doigts crochus, au teint pâle et livide. . .

LE COMTE.—Oh! grâce, grâce, ami! Est-ce que tu 110 fais aussi des vers? Je t'ai vu là griffonnant sur ton genou, et chantant dès le matin.

FIGARO.—Voilà précisément la cause de mon malheur, Excellence. Quand on a rapporté au ministre
115 que je faisais, je puis dire, assez joliment des bouquets
à Chloris⁰, que j'envoyais des énigmes aux journaux,
qu'il courait des madrigaux de ma façon, en un mot,
quand il a su que j'étais imprimé tout vif⁰, il a pris la
chose au tragique, et m'a fait ôter mon emploi, sous
120 prétexte que l'amour des lettres est incompatible avec
l'esprit des affaires.

LE COMTE.—Puissamment raisonné! et tu ne lui fis
pas représenter. . . .

FIGARO.—Je me crus trop heureux d'en être oublié,
125 persuadé qu'un grand nous fait assez de bien quand il
ne nous fait pas de mal.

LE COMTE.—Tu ne dis pas tout. Je me souviens
qu'à mon service tu étais un assez mauvais sujet. . . .

FIGARO.—Eh! mon Dieu, monseigneur, c'est qu'on
130 veut que le pauvre soit sans défaut.

LE COMTE.—Paresseux, dérangé⁰. . .

FIGARO.—Aux vertus qu'on exige dans un domestique, Votre Excellence connaît-elle beaucoup de maîtres
qui fussent dignes d'être valets?

135 LE COMTE, *riant.*—Pas mal. Et tu t'es retiré en
cette ville?

FIGARO.—Non, pas tout de suite.

LE COMTE, *l'arrêtant.*—Un moment. . . . J'ai cru
que c'était elle. . . . Dis toujours, je t'entends de
140 reste⁰.

FIGARO.—De retour à Madrid, je voulus essayer de
nouveau mes talents littéraires, et le théâtre me parut
un champ d'honneur. . . .

LE COMTE.—Ah! miséricorde!

145 FIGARO.—(*Pendant sa réplique, le comte regarde avec
attention du côté de la jalousie.*) En vérité, je ne sais

comment je n'eus pas le plus grand succès, car j'avais
rempli le parterre des plus excellents travailleurs°; des
mains . . . comme des battoirs°; j'avais interdit les
gants, les cannes, tout ce qui ne produit que des applau- 150
dissements sourds; et, d'honneur, avant la pièce, le
café° m'avait paru dans les meilleures dispositions pour
moi. Mais les efforts de la cabale. . . .

LE COMTE.—Ah! la cabale! monsieur l'auteur tombé!

FIGARO.—Tout comme un autre: pourquoi pas? Ils 155
m'ont sifflé; mais si jamais je puis les rassembler. . . .

LE COMTE.—L'ennui° te vengera bien d'eux?

FIGARO.—Ah! comme je leur en° garde! morbleu!

LE COMTE.—Tu jures! Sais-tu qu'on n'a que vingt-
quatre heures au Palais pour maudire ses juges? *turse* 160

FIGARO.—On a vingt-quatre ans au théâtre: la vie
est trop courte pour user un pareil ressentiment.

LE COMTE.—Ta joyeuse colère me réjouit. Mais tu
ne me dis pas ce qui t'a fait quitter Madrid.

FIGARO.—C'est mon bon ange, Excellence, puisque 165
je suis assez heureux pour retrouver mon ancien maître.
Voyant à Madrid que la république des lettres était
celle des loups, toujours armés les uns contre les autres,
et que, livrés au mépris où ce risible acharnement les
conduit, tous les insectes, les moustiques, les cousins°, 170
les critiques, les maringouins°, les envieux, les feuil-
listes° les libraires, les censeurs, et tout ce qui s'attache
à la peau des malheureux gens de lettres, achevaient de
déchiqueter et sucer le peu de substance qui leur
restait; fatigué d'écrire, ennuyé de moi, dégoûté des 175
autres, abîmé de dettes et léger d'argent; à la fin convaincu que l'utile revenu du rasoir est préférable aux
vains honneurs de la plume, j'ai quitté Madrid; et, mon
bagage en sautoir°, parcourant philosophiquement les
deux Castilles, la Manche, l'Estramadure, la Sierra- 180
Morena, l'Andalousie, accueilli dans une ville, empri-

sonné dans l'autre, et partout supérieur aux événements; loué par ceux-ci, blâmé° par ceux-là, aidant au
bon temps°, supportant le mauvais, me moquant des sots,
185 bravant les méchants, riant de ma misère et faisant la
barbe à tout le monde, vous me voyez enfin établi dans
Séville, et prêt de nouveau à servir Votre Excellence en
tout ce qu'il lui plaira° m'ordonner.

LE COMTE.—Qui t'a donné une philosophie aussi gaie?

190 FIGARO.—L'habitude du malheur. Je me presse de
rire de tout, de peur d'être obligé d'en pleurer. Que
regardez-vous donc toujours de ce côté?

LE COMTE.—Sauvons-nous!

FIGARO.—Pourquoi?

195 LE COMTE.—Viens donc, malheureux! tu me perds.
(*Ils se cachent.*)

Scène III

BARTHOLO, ROSINE. *La jalousie du premier étage
s'ouvre, et Bartholo et Rosine se mettent à la fenêtre.*

ROSINE.—Comme le grand air fait plaisir à respirer!
Cette jalousie s'ouvre si rarement. . . .

BARTHOLO.—Quel papier tenez-vous là?

ROSINE.—Ce sont des couplets de la *Précaution
200 inutile*, que mon maître à chanter m'a donnés hier.

BARTHOLO.—Qu'est-ce que la *Précaution inutile?*

ROSINE.—C'est une comédie nouvelle.

BARTHOLO.—Quelque drame° encore! Quelque sottise d'un nouveau genre.

205 ROSINE.—Je n'en sais rien.

BARTHOLO.—Euh! euh! les journaux et l'autorité
nous en feront raison. Siècle barbare! . . .

ROSINE.—Vous injuriez toujours notre pauvre siècle.

BARTHOLO.—Pardon de la liberté! Qu'a-t-il produit pour qu'on le loue? Sottises de toute espèce: la liberté 210 de penser, l'attraction⁰, l'électricité, le tolérantisme, l'inoculation⁰, le quinquina⁰, l'encyclopédie⁰, et les drames. . . .

ROSINE.—(*Le papier lui échappe et tombe dans la rue.*) Ah! ma chanson! ma chanson est tombée en vous 215 écoutant. . . . Courez, courez donc, monsieur! ma chanson, elle sera perdue!

BARTHOLO.—Que diable aussi, l'on tient ce qu'on tient⁰. (*Il quitte le balcon.*)

ROSINE, *regarde en dedans et fait signe dans la rue.* 220 St! st! (*Le comte paraît.*) Ramassez vite et sauvez-vous. (*Le comte ne fait qu'un saut, ramasse le papier et rentre.*)

BARTHOLO, *sort de la maison et cherche.*—Où donc est-il? Je ne vois rien.   225

ROSINE.—Sous le balcon, au pied du mur.

BARTHOLO.—Vous me donnez là une jolie commission! Il est donc passé quelqu'un?

ROSINE.—Je n'ai vu personne.

BARTHOLO, *à lui-même.*—Et moi qui ai la bonté⁰ de 230 chercher! . . . Bartholo, vous n'êtes qu'un sot, mon ami: ceci doit vous apprendre à ne jamais ouvrir de jalousies sur la rue. (*Il rentre.*)

ROSINE, *toujours au balcon.*—Mon excuse est dans mon malheur: seule, enfermée, en butte⁰ à la persé- 235 cution d'un homme odieux; est-ce un crime de tenter à sortir d'esclavage?

BARTHOLO, *paraissant au balcon.*—Rentrez, señora; c'est ma faute si vous avez perdu votre chanson; mais ce malheur ne vous arrivera plus, je vous jure. (*Il 240 ferme la jalousie à la clef.*)

Scène IV

LE COMTE, FIGARO. (*Ils entrent avec précaution.*)

LE COMTE.—A présent qu'ils sont retirés, examinons cette chanson, dans laquelle un mystère est sûrement renfermé. C'est un billet!

245 FIGARO.—Il demandait ce que c'est que la *Précaution inutile!*

LE COMTE *lit vivement.* — "Votre empressement excite ma curiosité; sitôt que mon tuteur sera sorti, chantez indifféremment, sur l'air connu de ces couplets, 250 quelque chose qui m'apprenne enfin le nom, l'état et les intentions de celui qui paraît s'attacher si obstinément à l'infortunée Rosine."

FIGARO, *contrefaisant la voix de Rosine.*—Ma chanson, ma chanson est tombée; courez, courez donc! (*Il* 255 *rit.*) Ah! ah! ah! ah! Oh! ces femmes! voulez-vous donner de l'adresse à la plus ingénue? enfermez-la.

LE COMTE.—Ma chère Rosine!

FIGARO.—Monseigneur, je ne suis plus en peine des motifs de votre mascarade; vous faites ici l'amour en 260 perspective.

LE COMTE.—Te voilà instruit, mais si tu jases. . . .

FIGARO.—Moi, jaser! Je n'emploierai point pour vous rassurer les grandes phrases d'honneur et de dévouement dont on abuse à la journée; je n'ai qu'un 265 mot: mon intérêt vous répond de moi; pesez tout à cette balance, etc. . . .

LE COMTE.—Fort bien. Apprends donc que le hasard m'a fait rencontrer au Prado, il y a six mois, une jeune personne d'une beauté! . . . Tu viens de la 270 voir. Je l'ai fait chercher en vain par tout Madrid. Ce n'est que depuis peu de jours que j'ai découvert

qu'elle s'appelle Rosine, est d'un sang noble, orpheline
et mariée à un vieux médecin de cette ville, nommé
Bartholo.

FIGARO.—Joli oiseau, ma foi! difficile à dénicher! ²⁷⁵
Mais qui vous a dit qu'elle était femme du docteur?

LE COMTE.—Tout le monde.

FIGARO.—C'est une histoire qu'il a forgée en arrivant
de Madrid, pour donner le change° aux galants et les
écarter; elle n'est encore que sa pupille°, mais bien- ²⁸⁰
tôt. . . .

LE COMTE, *vivement*.—Jamais! . . . Ah! quelle
nouvelle! J'étais résolu de tout oser pour lui présenter
mes regrets, et je la trouve libre! Il n'y a pas un
moment à perdre, il faut m'en faire aimer, et l'arracher ²⁸⁵
à l'indigne engagement qu'on lui destine. Tu connais
donc ce tuteur?

FIGARO.—Comme ma mère°.

LE COMTE.—Quel homme est-ce?

FIGARO, *vivement*.—C'est un beau gros, court, jeune ²⁹⁰
vieillard, gris pommelé, rusé, rasé, blasé, qui guette et
furette, et gronde et geint tout à la fois.

LE COMTE, *impatienté*.—Eh! je l'ai vu. Son caractère?

FIGARO.—Brutal, avare, amoureux et jaloux à l'excès ²⁹⁵
de sa pupille, qui le hait à la mort.

LE COMTE.—Ainsi ses moyens de plaire sont. . . .

FIGARO.—Nuls.

LE COMTE.—Tant mieux. Sa probité?

FIGARO.—Tout juste autant qu'il en faut pour n'être ³⁰⁰
point pendu.

LE COMTE.—Tant mieux. Punir un fripon en se
rendant heureux. . . .

FIGARO.—C'est faire à la fois le bien public et particulier: chef-d'œuvre de morale, en vérité, monseigneur! ³⁰⁵

LE COMTE.—Tu dis que la crainte des galants lui fait fermer sa porte?

FIGARO.—A tout le monde: s'il pouvait la calfeutrer. . . .

310 LE COMTE.—Ah diable! tant pis. Aurais-tu de l'accès chez lui?

FIGARO.—Si j'en ai°! *Primo*, la maison que j'occupe appartient au docteur, qui m'y loge *gratis*.

LE COMTE.—Ah! ah!

315 FIGARO.—Oui. Et moi, en reconnaissance, je lui promets dix pistoles d'or par an, *gratis* aussi.

LE COMTE, *impatienté*.—Tu es son locataire?

FIGARO.—De plus, son barbier, son chirurgien, son apothicaire; il ne se donne pas dans sa maison un coup 320 de rasoir, de lancette ou de piston°, qui ne soit de la main de votre serviteur.

LE COMTE, *l'embrasse*.—Ah! Figaro, mon ami, tu seras mon ange, mon libérateur, mon dieu tutélaire.

FIGARO.—Peste! comme l'utilité vous a bientôt rap-325 proché les distances! parlez-moi des gens passionnés!

LE COMTE.—Heureux Figaro! tu vas voir ma Rosine! tu vas la voir! Conçois-tu ton bonheur?

FIGARO.—C'est bien là un propos° d'amant! Est-ce que je l'adore, moi? Puissiez-vous° prendre ma 330 place!

LE COMTE.—Ah! si l'on pouvait écarter tous les surveillants!

FIGARO.—C'est à quoi je rêvais.

LE COMTE.—Pour douze heures seulement.

335 FIGARO.—En occupant les gens de leur propre intérêt, on les empêche de nuire à l'intérêt d'autrui.

LE COMTE.—Sans doute. Eh bien?

FIGARO, *rêvant*.—Je cherche dans ma tête si la phar-

macie ne fournirait pas quelques petits moyens inno-
cents. . . .   340

LE COMTE.—Scélérat!

FIGARO.—Est-ce que je veux leur nuire? Ils ont
tous besoin de mon ministère. Il ne s'agit que de les
traiter ensemble.

LE COMTE.—Mais ce médecin peut prendre un 345
soupçon.

FIGARO.—Il faut marcher si vite, que le soupçon n'ait
pas le temps de naître: il me vient une idée. Le régiment de Royal-Infant arrive en cette ville.

LE COMTE.—Le colonel est de mes amis.   350

FIGARO.—Bon. Présentez-vous chez le docteur en
habit de cavalier, avec un billet de logement; il faudra
bien qu'il vous héberge; et moi, je me charge du reste.

LE COMTE.—Excellent!

FIGARO.—Il ne serait même pas mal que vous eussiez 355
l'air entre deux vins°. . . .

LE COMTE.—A quoi bon?

FIGARO.—Et le mener un peu lestement sous cette
apparence déraisonnable.

LE COMTE.—A quoi bon?   360

FIGARO.—Pour qu'il ne prenne aucun ombrage et
vous croie plus pressé de dormir que d'intriguer chez
lui.

LE COMTE.—Supérieurement vu! Mais que n'y vas-
tu, toi?   365

FIGARO.—Ah oui! moi! Nous serons bien heureux
s'il ne vous reconnaît pas, vous qu'il n'a jamais vu.
Et comment vous introduire après?

LE COMTE.—Tu as raison.

FIGARO.—C'est que vous ne pourrez peut-être pas 370
soutenir ce personnage difficile. Cavalier . . . pris de
vin. . . .

LE COMTE.—Tu te moques de moi. (*Prenant un ton ivre.*) N'est-ce point ici la maison du docteur Bar-
375 tholo, mon ami?

FIGARO.—Pas mal, en vérité; vos jambes seulement un peu plus avinées°. (*D'un ton plus ivre.*) N'est-ce pas ici la maison. . . .

LE COMTE.—Fi donc! tu as l'ivresse du peuple.

380 FIGARO.—C'est la bonne; c'est celle du plaisir.

LE COMTE.—La porte s'ouvre.

FIGARO.—C'est notre homme: éloignons-nous jusqu'à ce qu'il soit parti.

Scène V

LE COMTE ET FIGARO *cachés*, BARTHOLO.

BARTHOLO, *sort, en parlant à la maison.*—Je reviens
385 à l'instant; qu'on ne laisse entrer personne. Quelle sottise à moi d'être descendu! Dès qu'elle m'en priait, je devais bien me douter. . . . Et Bazile qui ne vient pas! Il devait tout arranger pour que mon mariage se fît secrètement demain: et point de nouvelles! Allons
390 voir ce qui peut l'arrêter.

Scène VI

LE COMTE, FIGARO.

LE COMTE.—Qu'ai-je entendu? Demain, il épouse Rosine en secret!

FIGARO.—Monseigneur, la difficulté de réussir ne fait qu'ajouter à la nécessité d'entreprendre.

395 LE COMTE.—Quel est donc ce Bazile qui se mêle de son mariage?

FIGARO.—Un pauvre hère qui montre la musique à sa

pupille, infatué de son art, friponneau, besoigneux, à
genoux devant un écu, et dont il sera facile de venir à
bout, monseigneur. . . . (*Regardant à la jalousie.*) La 400
v'là, la v'là.

LE COMTE.—Qui donc?

FIGARO.—Derrière sa jalousie, la voilà, la voilà. Ne
regardez pas, ne regardez donc pas!

LE COMTE.—Pourquoi?   405

FIGARO.—Ne vous écrit-elle pas: *Chantez indifféremment?* c'est-à-dire chantez . . . comme si vous chan-
tiez . . . seulement pour chanter. Oh! la v'là, la v'là.

LE COMTE.—Puisque j'ai commencé à l'intéresser sans
être connu d'elle, ne quittons pas le nom de Lindor que 410
j'ai pris; mon triomphe en aura plus de charmes. (*Il
déploie le papier que Rosine a jeté.*) Mais comment
chanter sur cette musique? Je ne fais pas de vers,
moi. . . .

FIGARO.—Tout ce qui vous viendra, monseigneur, est 415
excellent: en amour, le cœur n'est pas difficile sur les
productions de l'esprit. . . . Et prenez ma guitare.

LE COMTE.—Que veux-tu que j'en fasse? j'en joue si
mal!

FIGARO.—Est-ce qu'un homme comme vous° ignore 420
quelque chose? Avec le dos de la main: from, from,
from. . . . Chanter sans guitare à Séville! vous seriez
bientôt reconnu, ma foi, bientôt dépisté. (*Figaro se
colle au mur sous le balcon.*)

LE COMTE, *chante en se promenant, et s'accompagnant* 425
sur sa guitare (premier couplet):

> Vous l'ordonnez, je me ferai connaître;
> Plus inconnu, j'osais vous adorer:
> En me nommant, que pourrais-je espérer?
> N'importe, il faut obéir à son maître.   430

FIGARO, *bas.*—Fort bien, parbleu! Courage, monseigneur!

LE COMTE (*deuxième couplet*):

435
    Je suis Lindor, ma naissance est commune;
    Mes vœux sont ceux d'un simple bachelier.
    Que n'ai-je, hélas! d'un brillant chevalier,
    A vous offrir le rang et la fortune!

FIGARO.—Eh! comment diable! Je ne ferais pas mieux, moi qui m'en pique.

440
    LE COMTE (*troisième couplet*):

    Tous les matins, ici, d'une voix tendre,
    Je chanterai mon amour sans espoir;
    Je bornerai mes plaisirs à vous voir;
    Et puissiez-vous en trouver à m'entendre!

445
    FIGARO.—Oh! ma foi! pour celui-ci! . . . (*Il s'approche et baise le bas de l'habit de son maître.*)

LE COMTE.—Figaro!

FIGARO.—Excellence?

LE COMTE.—Crois-tu que l'on m'ait entendu?

450
    ROSINE, *en dedans, chante:*

    Tout me dit que Lindor est charmant,
    Que je dois l'aimer constamment°. . . .

(*On entend une croisée qui se ferme avec bruit.*)

FIGARO.—Croyez-vous qu'on vous ait entendu cette fois?

455
    LE COMTE.—Elle a fermé sa fenêtre; quelqu'un apparemment est entré chez elle.

FIGARO.—Ah! la pauvre petite! comme elle tremble en chantant! Elle est prise, monseigneur.

LE COMTE.—Elle se sert du moyen qu'elle-même a
460 indiqué: *Tout me dit que Lindor est charmant.* Que de grâces! que d'esprit!

FIGARO.—Que de ruse! que d'amour!

LE COMTE.—Crois-tu qu'elle se donne à moi, Figaro?

FIGARO.—Elle passera plutôt à travers cette jalousie
465 que d'y manquer.

LE COMTE.—C'en est fait, je suis à ma Rosine . . . pour la vie.

FIGARO.—Vous oubliez, monseigneur, qu'elle ne vous entend plus.

LE COMTE.—Monsieur Figaro! je n'ai qu'un mot à 470 vous dire: elle sera ma femme; et si vous servez bien mon projet en lui cachant mon nom . . . tu m'entends, tu me connais. . . .

FIGARO.—Je me rends.   Allons, Figaro, vole à la fortune, mon fils.   475

LE COMTE.—Retirons-nous, crainte de nous rendre suspects.

FIGARO, *vivement.*—Moi, j'entre ici, où, par la force de mon art°, je vais, d'un seul coup de baguette, endormir la vigilance, éveiller l'amour, égarer la 480 jalousie, fourvoyer l'intrigue, et renverser tous les obstacles.   Vous, monseigneur, chez moi, l'habit de soldat, le billet de logement, et de l'or dans vos poches.

LE COMTE.—Pour qui, de l'or?

FIGARO, *vivement.*—De l'or, mon Dieu, de l'or: c'est 485 le nerf de l'intrigue!

LE COMTE.—Ne te fâche pas, Figaro, j'en prendrai beaucoup.

FIGARO, *s'en allant.*—Je vous rejoins dans peu.

LE COMTE.—Figaro!   490

FIGARO.—Qu'est-ce que c'est?

LE COMTE.—Et ta guitare?

FIGARO, *revient.*—J'oublie ma guitare, moi! je suis donc fou!   (*Il s'en va.*)

LE COMTE.—Et ta demeure, étourdi?   495

FIGARO, *revient.*—Ah! réellement je suis frappé! Ma boutique à quatre pas d'ici, peinte en bleu, vitrage en plomb, trois palettes° en l'air, l'œil dans la main°, *Consilio manuque,* FIGARO.   (*Il s'enfuit.*)

ACTE DEUXIÈME

Le théâtre représente l'appartement de Rosine. La croisée,
dans le fond du théâtre, est fermée par
une jalousie grillée.

SCÈNE PREMIÈRE

ROSINE, *seule, un bougeoir à la main. Elle prend du
papier sur la table et se met à écrire.*

500 Marceline est malade; tous les gens sont occupés; et
personne ne me voit écrire. Je ne sais si ces murs ont
des yeux et des oreilles, ou si mon Argus a un génie mal-
faisant qui l'instruit à point nommé; mais je ne puis
dire un mot, ni faire un pas, dont il ne devine sur-le-
505 champ l'intention. . . . Ah! Lindor! (*Elle cachette
la lettre.*) Fermons toujours ma lettre, quoique j'ignore
quand et comment je pourrai la lui faire tenir. Je l'ai
vu à travers ma jalousie parler longtemps au barbier
Figaro. C'est un bonhomme qui m'a montré quelque-
510 fois de la pitié; si je pouvais l'entretenir un moment. . .

SCÈNE II

ROSINE, FIGARO.

ROSINE, *surprise.*—Ah! monsieur Figaro, que je suis
aise de vous voir!

FIGARO.—Votre santé, madame?

ROSINE.—Pas trop bonne, monsieur Figaro. L'ennui
515 me tue.

FIGARO.—Je le crois; il n'engraisse que les sots.

45

ROSINE.—Avec qui parliez-vous donc là-bas si vivement? je n'entendais pas; mais . . .

FIGARO.—Avec un jeune bachelier de mes parents, de la plus grande espérance; plein d'esprit, de senti- 520 ments, de talents, et d'une figure fort revenante. *pleasing*

ROSINE.—Oh! tout à fait bien, je vous assure! il se nomme? . . .

FIGARO.—Lindor. Il n'a rien: mais, s'il n'eût pas quitté brusquement Madrid, il pouvait y trouver quelque 525 bonne place.

ROSINE, *étourdiment.*—Il en trouvera, monsieur Figaro, il en trouvera. Un jeune homme tel que vous le dépeignez n'est pas fait pour rester inconnu.

FIGARO, *à part.*—Fort bien. (*Haut.*) Mais il a un 530 grand défaut, qui nuira toujours à son avancement.

ROSINE.—Un défaut, monsieur Figaro! Un défaut! en êtes-vous bien sûr?

FIGARO.—Il est amoureux.

ROSINE.—Il est amoureux! et vous appelez cela un 535 défaut?

FIGARO.—A la vérité, ce n'en est un que relativement à sa mauvaise fortune.

ROSINE.—Ah! que le sort est injuste! Et nomme-t-il la personne qu'il aime? Je suis d'une curiosité. . . . 540

FIGARO.—Vous êtes la dernière, madame, à qui je voudrais faire une confidence de cette nature.

ROSINE, *vivement.*—Pourquoi, monsieur Figaro? Je suis discrète; ce jeune homme vous appartient°, il m'intéresse infiniment . . . dites donc. 545

FIGARO, *la regardant finement.*—Figurez-vous la plus jolie petite mignonne, douce, tendre, accorte et fraîche, agaçant l'appétit, pied furtif, taille adroite, élancée, bras dodus, bouche rosée, et des mains! des joues! des dents! des yeux! . . . 550

ROSINE.—Qui reste en cette ville?

FIGARO.—En ce quartier.

ROSINE.—Dans cette rue, peut-être?

FIGARO.—A deux pas de moi.

555   ROSINE.—Ah! que c'est charmant! . . . pour monsieur votre parent. Et cette personne est? . . .

FIGARO.—Je ne l'ai pas nommée?

ROSINE, *vivement.*—C'est la seule chose que vous ayez oubliée, monsieur Figaro. Dites donc, dites donc
560 vite: si l'on rentrait, je ne pourrais plus savoir. . . .

FIGARO.—Vous le voulez absolument, madame? Eh bien! cette personne est . . . la pupille de votre tuteur.

ROSINE.—La pupille? . . .

565   FIGARO.—Du docteur Bartholo: oui, madame.

ROSINE, *avec émotion.*—Ah! monsieur Figaro! . . . je ne vous crois pas, je vous assure.

FIGARO.—Et c'est ce qu'il brûle de venir vous persuader lui-même.

570   ROSINE.—Vous me faites trembler, monsieur Figaro.

FIGARO.—Fi donc, trembler! mauvais calcul, madame; quand on cède à la peur du mal, on ressent déjà le mal de la peur. D'ailleurs, je viens de vous débarrasser de tous vos surveillants jusqu'à demain.

575   ROSINE.—S'il m'aime, il doit me le prouver en restant absolument tranquille.

FIGARO.—Eh, madame! amour et repos peuvent-ils habiter en même cœur? La pauvre jeunesse est si malheureuse aujourd'hui, qu'elle n'a que ce terrible choix:
580 amour sans repos, ou repos sans amour.

ROSINE, *baissant les yeux.*—Repos sans amour . . . paraît. . . .

FIGARO.—Ah! bien languissant. Il semble, en effet,

qu'amour sans repos se présente de meilleure grâce; et, pour moi, si j'étais femme. 585

ROSINE, *avec embarras.*—Il est certain qu'une jeune personne ne peut empêcher un honnête homme de l'estimer.

FIGARO.—Aussi mon parent vous estime-t-il infiniment. 590

ROSINE.—Mais s'il allait faire quelque imprudence, monsieur Figaro, il nous perdrait.

FIGARO, *à part.*—Il nous perdrait. . . . (*Haut.*) Si vous le lui défendiez expressément par une petite lettre. . . . Une lettre a bien du pouvoir. 595

ROSINE, *lui donne la lettre qu'elle vient d'écrire.*—Je n'ai pas le temps de recommencer celle-ci, mais en la lui donnant, dites-lui . . . dites-lui bien . . . (*Elle écoute.*)

FIGARO.—Personne, madame. 600

ROSINE.—Que c'est par pure amitié, tout ce que je fais.

FIGARO.—Cela parle de soi. Tudieu◌! l'amour a bien une autre allure◌!

ROSINE.—Que par pure amitié, entendez-vous? Je 605 crains seulement que, rebuté par les difficultés. . . .

FIGARO.—Oui, quelque feu follet◌. Souvenez-vous, madame, que le vent qui éteint une lumière, allume un brasier◌, et que nous sommes ce brasier-là. D◌'en parler seulement, il exhale un tel feu qu'il m'a presque 610 enfiévré◌ de sa passion, moi qui n'y ai que voir!

ROSINE.—Dieux! j'entends mon tuteur. S'il vous trouvait ici. . . . Passez par le cabinet du clavecin◌ et descendez le plus doucement que vous pourrez.

FIGARO.—Soyez tranquille. (*A part, montrant la* 615 *lettre.*) Voici qui vaut mieux que toutes mes observations. (*Il entre dans le cabinet.*)

Scène III

ROSINE, *seule*.

Je meurs d'inquiétude jusqu'à ce qu'il soit dehors
. . . Que je l'aime, ce bon Figaro! c'est un bien hon-
620 nête homme, un bon parent! Ah! voilà mon tyran;
reprenons mon ouvrage. (*Elle souffle la bougie, s'assied
et prend une broderie au tambour°.*)

Scène IV

BARTHOLO, ROSINE.

BARTHOLO, *en colère.*—Ah! malédiction! l'enragé, le
scélérat corsaire de Figaro! Là, peut-on sortir un
625 moment de chez soi, sans être sûr en rentrant. . . .

ROSINE.—Qui vous met donc si fort en colère, monsieur?

BARTHOLO.—Ce damné barbier qui vient d'éclopper°
toute ma maison en un tour de main: il donne un nar-
630 cotique à l'Éveillé, un sternutatoire à La Jeunesse; il
saigne au pied Marceline: il n'y a pas jusqu'à ma mule
. . . sur les yeux d'une pauvre bête aveugle, un cataplasme! Parce qu'il me doit cent écus, il se presse de
faire des mémoires°. Ah! qu'il les apporte! Et per-
635 sonne à l'anti-chambre! on arrive à cet appartement
comme à la place d'armes.

ROSINE.—Et qui peut y pénétrer que vous, monsieur?

BARTHOLO.—J'aime mieux craindre sans sujet que de
m'exposer sans précaution. Tout est plein de gens
640 entreprenants, d'audacieux. . . . N'a-t-on pas, ce
matin encore, ramassé lestement votre chanson pendant
que j'allais la chercher? Oh! je. . . .

ROSINE.—C'est bien mettre à plaisir de l'importance à tout! Le vent peut bien avoir éloigné ce papier, le premier venu, que sais-je? 645

BARTHOLO.—Le vent, le premier venu! . . . Il n'y a point de vent, madame, point de premier venu dans le monde; et c'est toujours quelqu'un posté là exprès, qui ramasse les papiers qu'une femme a l'air de laisser tomber par mégarde. 650

ROSINE.—A l'air, monsieur?

BARTHOLO.—Oui, madame, a l'air.

ROSINE, *à part.*—Oh! le méchant vieillard!

BARTHOLO.—Mais tout cela n'arrivera plus, car je vais faire sceller° cette grille. 655

ROSINE.—Faites mieux: murez les fenêtres tout d'un coup; d'une prison à un cachot, la différence est si peu de chose!

BARTHOLO.—Pour celles qui donnent sur° la rue, ce ne serait peut-être pas si mal . . . Ce barbier n'est pas 660 entré chez vous, au moins?

ROSINE.—Vous donne-t-il aussi de l'inquiétude?

BARTHOLO.—Tout comme un autre.

ROSINE.—Que vos répliques sont honnêtes!

BARTHOLO.—Ah! fiez-vous à tout le monde, et vous 665 aurez bientôt à la maison une bonne femme pour vous tromper, de bons amis pour vous la souffler°, et de bons valets pour les y aider.

ROSINE.—Quoi! vous n'accordez pas même qu'on ait des principes contre la séduction de M. Figaro? 670

BARTHOLO.—Qui diable entend quelque chose à la bizarrerie des femmes? Et combien j'en ai vu de ces vertus à principes. . . .

ROSINE, *en colère.*—Mais, monsieur, s'il suffit d'être homme pour nous plaire, pourquoi donc me déplaisez- 675 vous si fort?

BARTHOLO, *stupéfait.*—Pourquoi? . . . Pourquoi?
. . . Vous ne répondez pas à ma question sur ce barbier?

680   ROSINE, *outrée.*—Eh bien! oui, cet homme est entré
chez moi; je l'ai vu, je lui ai parlé.   Je ne vous cache
pas même que je l'ai trouvé fort aimable: et puissiez-
vous en mourir de dépit!   (*Elle sort.*)

SCÈNE V

BARTHOLO, *seul.*

Oh! les juifs! les chiens de valets!   La Jeunesse!
685 l'Éveillé!   l'Éveillé maudit!

SCÈNE VI

BARTHOLO, L'ÉVEILLÉ.

L'ÉVEILLÉ, *arrive en bâillant, tout endormi.*—Aah,
aah, ah, ah. . . .

BARTHOLO.—Où étais-tu, peste d'étourdi, quand ce
barbier est entré ici?

690   L'ÉVEILLÉ.—Monsieur, j'étais . . . ah, aah, ah. . . .

BARTHOLO.—A machiner quelque espièglerie, sans
doute?   Et tu ne l'as pas vu?

L'ÉVEILLÉ.—Sûrement, je l'ai vu, puisqu'il m'a
trouvé tout malade, à ce qu'il dit; et faut bien que ça
695 soit vrai, car j'ai commencé à me douloir dans tous les
membres, rien qu'en l'entendant parl. . . . Ah, ah,
aha. . . .

BARTHOLO, *le contrefait.*—Rien qu'en l'entendant!
. . . Où donc est ce vaurien de La Jeunesse?   Droguer
700 ce petit garçon sans mon ordonnance!   Il y a quelque
friponnerie là-dessous.

Scène VII

LES ACTEURS PRÉCÉDENTS.

LA JEUNESSE, *arrive en vieillard, avec une canne en béquille; il éternue plusieurs fois.*

L'ÉVEILLÉ, *toujours bâillant.*—La Jeunesse!

BARTHOLO.—Tu éternueras dimanche

LA JEUNESSE.—Voilà plus de cinquante . . . cinquante fois . . . dans un moment (*il éternue*); je suis 705 brisé.

BARTHOLO.—Comment! je vous demande à tous deux s'il est entré quelqu'un chez Rosine, et vous ne me dites pas que ce barbier. . . .

L'ÉVEILLÉ, *continuant de bâiller.*—Est-ce que c'est 710 quelqu'un donc, M. Figaro? Aah, ah . . .

BARTHOLO.—Je parie que le rusé s'entend avec lui.

L'ÉVEILLÉ, *pleurant comme un sot.*—Moi! . . . je m'entends! . . .   715

LA JEUNESSE, *éternuant.*—Eh, mais! monsieur, y a-t-il . . . y a-t-il de la justice?

BARTHOLO.—De la justice! C'est bon entre vous autres misérables, la justice! Je suis votre maître, moi, pour avoir toujours raison.   720

LA JEUNESSE, *éternuant.*—Mais, pardi, quand une chose est vraie. . . .

BARTHOLO.—Quand une chose est vraie! Si je ne veux pas qu'elle soit vraie, je prétends bien qu'elle ne soit pas vraie. Il n'y aurait qu'à permettre à tous ces 725 faquins-là d'avoir raison, vous verriez bientôt ce que deviendrait l'autorité.

LA JEUNESSE, *éternuant.*—J'aime autant recevoir

mon congé. Un service terrible, et toujours un train
730 d'enfer⁰. *aufui rou*

L'ÉVEILLÉ, *pleurant.*—Un pauvre homme de bien est
traité comme un misérable.

BARTHOLO.—Sors donc, pauvre homme de bien! (*Il
les contrefait.*) Et t'chi et t'cha! L'un m'éternue au
735 nez, l'autre m'y bâille.

LA JEUNESSE.—Ah! monsieur, je vous jure que sans
mademoiselle, il n'y aurait . . . il n'y aurait pas
moyen de rester dans la maison. (*Il sort en éternuant.*)

BARTHOLO.—Dans quel état ce Figaro les a mis tous!
740 Je vois ce que c'est: le maraud voudrait me payer mes
cent écus sans bourse délier⁰. . . . *eufeus / feu in feutia*

SCÈNE VIII

BARTHOLO, DON BAZILE, FIGARO, *caché dans le cabinet,
paraît de temps en temps, et les écoute.*

BARTHOLO, *continue.*—Ah! don Bazile, vous veniez
donner à Rosine sa leçon de musique?

BAZILE.—C'est ce qui presse le moins.

745 BARTHOLO.—J'ai passé chez vous sans vous trouver.

BAZILE.—J'étais sorti pour vos affaires. Apprenez
une nouvelle assez fâcheuse.

BARTHOLO.—Pour vous?

BAZILE.—Non, pour vous. Le comte Almaviva est
750 en cette ville.

BARTHOLO.—Parlez bas. Celui qui faisait chercher
Rosine dans tout Madrid?

BAZILE.—Il loge à la grande place, et sort tous les
jours déguisé.

1755 BARTHOLO.—Il n'en faut point douter, cela me
regarde⁰. Et que faire? *ceux ruscui*

BAZILE.—Si c'était un particulier on viendrait à
bout de l'écarter.

BARTHOLO.—Oui, en s'embusquant le soir, armé,
cuirassé. . . .   760

BAZILE.—*Bone Deus!* Se compromettre! Susciter
une méchante affaire, à la bonne heure; et pendant la
fermentation calomnier à dire d'experts, *concedo.*

BARTHOLO.—Singulier moyen de se défaire d'un
homme!   765

BAZILE.—La calomnie, monsieur? Vous ne savez
guère ce que vous dédaignez; j'ai vu les plus honnêtes
gens près d'en être accablés. Croyez qu'il n'y a pas
de plate méchanceté, pas d'horreurs, pas de conte
absurde, qu'on ne fasse adopter aux oisifs d'une grande   770
ville en s'y prenant bien; et nous avons ici des gens
d'une adresse! . . . D'abord, un bruit léger, rasant le
sol comme l'hirondelle avant l'orage, *pianissimo*, mur-
mure et file et sème en courant le trait empoisonné.
Telle bouche le recueille, et *piano, piano* vous le glisse   775
en l'oreille adroitement. Le mal est fait, il germe, il
rampe, il chemine, et *rinforzando* de bouche en bouche
il va le diable; puis, tout à coup, ne sais comment,
vous voyez la calomnie se dresser, siffler, s'enfler,
grandir à vue d'œil. Elle s'élance, étend son vol,   780
tourbillonne, enveloppe, arrache, éclate et tonne, et
devient, grâce au ciel, un cri général, un *crescendo*
public, un *chorus* universel de haine et de proscription.
Qui diable y résisterait?

BARTHOLO.—Mais quel radotage me faites-vous donc   785
là, Bazile? Et quel rapport ce *piano-crescendo* peut-il
avoir à ma situation?

BAZILE.—Comment, quel rapport? Ce qu'on fait
partout pour écarter son ennemi, il faut le faire ici pour
empêcher le vôtre d'approcher.   790

BARTHOLO.—D'approcher? Je prétends bien épouser

Rosine, avant qu'elle apprenne seulement que ce comte existe.

795 BAZILE.—En ce cas, vous n'avez pas un instant à perdre.

BARTHOLO.—Et à qui tient-il°, Bazile? Je vous ai chargé de tous les détails de cette affaire.

BAZILE.—Oui, mais vous avez lésiné sur les frais; et, dans l'harmonie du bon ordre, un mariage inégal, un 800 jugement inique, un passe-droit évident, sont des dissonances qu'on doit toujours préparer et sauver par l'accord parfait de l'or.

BARTHOLO, *lui donnant de l'argent.*—Il faut en passer par où vous voulez; mais finissons.

805 BAZILE.—Cela s'appelle parler. Demain tout sera terminé: c'est à vous d'empêcher que personne, aujourd'hui, ne puisse instruire la pupille.

BARTHOLO.—Fiez-vous-en à moi. Viendrez-vous ce soir, Bazile?

810 BAZILE.—N'y comptez pas. Votre mariage seul m'occupera toute la journée; n'y comptez pas.

BARTHOLO, *l'accompagne.*—Serviteur.

BAZILE.—Restez, docteur, restez donc.

BARTHOLO.—Non pas. Je veux fermer sur vous la 815 porte de la rue.

SCÈNE IX

FIGARO, *seul, sortant du cabinet.*

Oh! la bonne précaution! Ferme, ferme la porte de la rue, et moi, je vais la rouvrir au comte en sortant. C'est un grand maraud que ce Bazile! Heureusement il est encore plus sot. Il faut un état°, une famille, un

nom, un rang, de la consistance*consideration* enfin, pour faire sen- 820
sation dans le monde en calomniant. Mais un Bazile!
il médirait, qu'on ne le croirait pas.

Scène X

ROSINE, *accourant*, FIGARO.

ROSINE.—Quoi! vous êtes encore là, monsieur Figaro?

FIGARO.—Très heureusement pour vous, mademoiselle. Votre tuteur et votre maître à chanter, se croy- 825
ant seuls ici, viennent de parler à cœur ouvert. . . .

ROSINE.—Et vous les avez écoutés, monsieur Figaro?
Mais savez-vous que c'est fort mal!

FIGARO.—D'écouter? C'est pourtant ce qu'il y a de
mieux pour bien entendre. Apprenez que votre 830
tuteur se dispose à vous épouser demain.

ROSINE.—Ah! grands dieux!

FIGARO.—Ne craignez rien; nous lui donnerons tant
d'ouvrage, qu'il n'aura pas le temps de songer à
celui-là. 835

ROSINE.—Le voici qui revient; sortez donc par le
petit escalier. Vous me faites mourir de frayeur.
(*Figaro s'enfuit.*)

Scène XI

BARTHOLO, ROSINE.

ROSINE.—Vous étiez ici avec quelqu'un, monsieur?

BARTHOLO.—Don Bazile, que j'ai reconduit, et pour 840
cause. Vous eussiez mieux aimé que c'eût été
M. Figaro?

ROSINE.—Cela m'est fort égal, je vous assure.

BARTHOLO.—Je voudrais bien savoir ce que ce bar-
845 bier avait de si pressé à vous dire?

ROSINE.—Faut-il parler sérieusement? Il m'a rendu
compte de l'état de Marceline, qui même n'est pas
trop bien, à ce qu'il dit.

BARTHOLO.—Vous rendre compte! Je vais parier
850 qu'il était chargé de vous remettre quelque lettre.

ROSINE.—Et de qui, s'il vous plaît?

BARTHOLO.—Oh! de qui! de quelqu'un que les
femmes ne nomment jamais. Que sais-je, moi? Peut-
être la réponse au papier de la fenêtre.

855 ROSINE, *à part.*—Il n'en a pas manqué une seule.
(*Haut.*) Vous mériteriez bien que cela fût.

BARTHOLO, *regarde les mains de Rosine.*—Cela est.
Vous avez écrit.

ROSINE, *avec embarras.*—Il serait assez plaisant que
860 vous eussiez le projet de m'en faire convenir.

BARTHOLO, *lui prenant la main droite.*—Moi, point
du tout! Mais votre doigt encore taché d'encre. . . .
Hein? rusée señora!

ROSINE, *à part.*—Maudit homme!

865 BARTHOLO, *lui tenant toujours la main.*—Une femme
se croit bien en sûreté, parce qu'elle est seule.

ROSINE.—Ah! sans doute. . . . La belle preuve!
. . . Finissez donc, monsieur, vous me tordez le bras.
Je me suis brûlée en chiffonnant autour de cette bougie,
870 et l'on m'a toujours dit qu'il fallait aussitôt tremper
dans l'encre: c'est ce que j'ai fait.

BARTHOLO.—C'est ce que vous avez fait? Voyons
donc si un second témoin confirmera la déposition du
premier. C'est ce cahier de papier où je suis certain
875 qu'il y avait six feuilles, car je les compte tous les
matins, aujourd'hui encore.

ROSINE, *à part.*—Oh! imbécile! . . .

BARTHOLO, *comptant.*—Trois, quatre, cinq. . . .

ROSINE.—La sixième. . . .

BARTHOLO.—Je vois bien qu'elle n'y est pas, la 880 sixième.

ROSINE, *baissant les yeux.*—La sixième? Je l'ai employée à faire un cornet pour des bonbons que j'ai envoyés à la petite Figaro!

BARTHOLO.—A la petite Figaro? Et la plume qui 885 était toute neuve, comment est-elle devenue noire? Est-ce en écrivant l'adresse de la petite Figaro?

ROSINE, *à part.*—Cet homme a un instinct de jalousie! . . . (*Haut.*) Elle m'a servi à retracer une fleur effacée sur la veste que je vous brode au tambour. 890

BARTHOLO.—Que cela est édifiant! Pour qu'on vous crût, mon enfant, il faudrait ne pas rougir en déguisant coup sur coup la vérité; mais c'est ce que vous ne savez pas encore.

ROSINE.—Eh! qui ne rougirait pas, monsieur, de 895 voir tirer des conséquences aussi malignes des choses le plus innocemment faites?

BARTHOLO.—Certes, j'ai tort; se brûler le doigt, le tremper dans l'encre, faire des cornets aux bonbons pour la petite Figaro, et dessiner ma veste au tambour! 900 quoi de plus innocent? Mais que de mensonges entassés pour cacher un seul fait! . . . *Je suis seule, on ne me voit point; je pourrai mentir à mon aise;* mais le bout du doigt reste noir, la plume est tachée, le papier manque! On ne saurait penser à tout. Bien certainement, 905 señora, quand j'irai par la ville, un bon double tour me répondra de vous.

Scène XII

LE COMTE, BARTHOLO, ROSINE.

LE COMTE, *en uniforme de cavalerie, ayant l'air d'être entre deux vins, et chantant:* Réveillons-la, etc.

910   BARTHOLO.—Mais que nous veut cet homme? Un soldat! Rentrez chez vous, señora.

LE COMTE, *chante* Réveillons-la, *et s'avance vers Rosine.*—Qui de vous deux, mesdames, se nomme le docteur Balordo°? (*A Rosine, bas.*) Je suis Lindor.

915   BARTHOLO.—Bartholo!

ROSINE, *à part.*—Il parle de Lindor.

LE COMTE.—Balordo, Barque-à-l'eau, je m'en moque comme de ça°. Il s'agit seulement de savoir laquelle des deux. . . . (*A Rosine, lui montrant un papier.*) 920 Prenez cette lettre.

BARTHOLO.—Laquelle! Vous voyez bien que c'est moi! Laquelle! Rentrez donc, Rosine, cet homme paraît avoir du vin!

ROSINE.—C'est pour cela, monsieur; vous êtes seul. 925 Une femme en impose quelquefois.

BARTHOLO.—Rentrez, rentrez; je ne suis pas timide.

Scène XIII

LE COMTE, BARTHOLO.

LE COMTE.—Oh! je vous ai reconnu d'abord à votre signalement.

BARTHOLO, *au comte qui serre la lettre.*—Qu'est-ce 930 que c'est donc que vous cachez là dans votre poche?

LE COMTE.—Je le cache dans ma poche, pour que vous ne sachiez pas ce que c'est.

BARTHOLO.—Mon signalement! Ces gens-là croient toujours parler à des soldats!

LE COMTE.—Pensez-vous que ce soit une chose si 935 difficile à faire que votre signalement? *description*

> Le chef branlant, la tête chauve,
> Les yeux vairons, le regard fauve,
> L'air farouche d'un Algonquin,
> La taille lourde et déjetée, ·   940
> L'épaule droite surmontée,
> Le teint grenu d'un Maroquin,
> Le nez fait comme un baldaquin.
> La jambe pote et circonflexe,
> Le ton bourru, la voix perplexe,   945
> Tous les appétits destructeurs,
> Enfin la perle des docteurs.

BARTHOLO.—Qu'est-ce que cela veut dire? Êtes-vous ici pour m'insulter? Délogez à l'instant.

LE COMTE.—Déloger! Ah fi! que c'est mal parler! 950 Savez-vous lire, docteur. . . . Barbe-à-l'eau?

BARTHOLO.—Autre question saugrenue. *absurd*

LE COMTE.—Oh! que cela ne vous fasse point de peine; car, moi qui suis pour le moins aussi docteur que vous. . . .   955

BARTHOLO.—Comment cela?

LE COMTE.—Est-ce que je ne suis pas le médecin des chevaux du régiment? Voilà pourquoi l'on m'a exprès logé chez un confrère.

BARTHOLO.—Oser comparer un maréchal! . . .   960

LE COMTE (*sans chanter*):

> Non, docteur, je ne prétends pas *that precedence*
> Que notre art obtienne le pas
> Sur Hippocrate et sa brigade.

(*En chantant*):

965
        Votre savoir, mon camarade,
        Est d'un succès plus général;
        Car s'il n'emporte point le mal,
        Il emporte au moins le malade.

C'est-il° poli ce que je vous dis là?

970 BARTHOLO.—Il vous sied bien, manipuleur ignorant! de ravaler ainsi le premier, le plus grand et le plus utile des arts!

LE COMTE.—Utile tout à fait, pour ceux qui l'exercent.

975 BARTHOLO.—Un art dont le soleil s'honore d'éclairer les succès!

LE COMTE.—Et dont la terre s'empresse de couvrir les bévues.

BARTHOLO.—On voit bien, malappris, que vous n'êtes 980 habitué de parler qu'à des chevaux.

LE COMTE.—Parler à des chevaux? Ah! docteur! pour un docteur d'esprit. . . . N'est-il pas de notoriété que le maréchal guérit toujours ses malades sans leur parler, au lieu que le médecin parle beaucoup aux 985 siens. . . .

BARTHOLO.—Sans les guérir, n'est-ce pas?

LE COMTE.—C'est vous qui l'avez dit.

BARTHOLO.—Qui diable envoie ici ce maudit ivrogne?

LE COMTE.—Je crois que vous me lâchez des épi-990 grammes, l'Amour!

BARTHOLO.—Enfin, que voulez-vous? que demandez-vous?

LE COMTE, *feignant une grande colère.*—Eh bien, donc, il s'enflamme! Ce que je veux? Est-ce que vous ne 995 le voyez pas?

Scène XIV

ROSINE, LE COMTE, BARTHOLO.

ROSINE, *accourant.*—Monsieur le soldat, ne vous emportez point, de grâce! (*A Bartholo.*) Parlez-lui doucement, monsieur: un homme qui déraisonne. . . .

LE COMTE.—Vous avez raison; il déraisonne, lui; mais nous sommes raisonnables, nous! Moi poli, et 1000 vous jolie . . . enfin suffit. La vérité, c'est que je ne veux avoir affaire qu'à vous dans la maison.

ROSINE.—Que puis-je pour votre service, monsieur le soldat?

LE COMTE.—Une petite bagatelle, mon enfant. Mais 1005 s'il y a de l'obscurité dans mes phrases. . . .

ROSINE.—J'en saisirai l'esprit.

LE COMTE, *lui montrant la lettre.*—Non, attachez-vous à la lettre, à la lettre. Il s'agit seulement . . . que vous me donniez à coucher ce soir. 1010

BARTHOLO.—Rien que cela?

LE COMTE.—Pas davantage. Lisez le billet doux que notre maréchal des logis vous écrit.

BARTHOLO.—Voyons. (*Le comte cache la lettre et lui donne un autre papier.—Bartholo lit.*) "Le docteur 1015 Bartholo recevra, nourrira, hébergera, couchera. . . .

LE COMTE, *appuyant.*—Couchera!

BARTHOLO.—". . . pour une nuit seulement, le nommé Lindor, dit l'Écolier, cavalier au régiment. . . .''

ROSINE.—C'est lui, c'est lui-même. 1020

BARTHOLO, *vivement à Rosine.*—Qu'est-ce qu'il y a?

LE COMTE.—Eh bien, ai-je tort à présent, docteur Barbaro?

BARTHOLO.—On dirait que cet homme se fait un

1025 malin plaisir de m'estropier[n] de toutes les manières possibles. Allez au diable, Barbaro! Barbe-à-l'eau! et dites à votre impertinent maréchal des logis, que depuis mon voyage à Madrid je suis exempt de loger[n] des gens de guerre.

1030 LE COMTE, *à part.*—O ciel! fâcheux contretemps!

BARTHOLO.—Ah! ah! notre ami, cela vous contrarie et vous dégrise un peu? Mais n'en décampez pas moins à l'instant.

LE COMTE, *à part.*—J'ai pensé me trahir. (*Haut.*)
1035 Décamper! si vous êtes exempt de gens de guerre, vous n'êtes pas exempt de politesse, peut-être! Décamper! Montrez-moi votre brevet d'exemption; quoique je ne sache pas lire, je verrai bientôt. . . .

BARTHOLO.—Qu'à cela ne tienne: il est dans ce
1040 bureau. . . .

LE COMTE, *pendant qu'il y va, dit sans quitter sa place.*—Ah! ma belle Rosine!

ROSINE.—Quoi, Lindor, c'est vous?

LE COMTE.—Recevez au moins cette lettre.

1045 ROSINE.—Prenez garde, il a les yeux sur nous.

LE COMTE.—Tirez votre mouchoir, je la laisserai tomber. (*Il s'approche.*)

BARTHOLO.—Doucement, doucement, seigneur soldat, je n'aime point qu'on regarde ma femme de si près.

1050 LE COMTE.—Elle est votre femme?

BARTHOLO.—Et quoi donc?

LE COMTE.—Je vous ai pris pour son bisaïeul paternel, maternel, sempiternel; il y a au moins trois générations entre elle et vous.

1055 BARTHOLO, *lit un parchemin.*—"Sur les bons et fidèles témoignages qui nous ont été rendus. . . ."

LE COMTE, *donne un coup de main sous les parchemins,*

qui les envoie au plancher.—Est-ce que j'ai besoin de
tout ce verbiage?

BARTHOLO.—Savez-vous bien, soldat, que si j'appelle 1060
mes gens, je vous fais traiter sur-le-champ comme vous
le méritez?

LE COMTE.—Bataille? Ah! volontiers, bataille! c'est
mon métier, à moi (*montrant son pistolet de ceinture*),
et voici de quoi leur jeter de la poudre aux yeux. Vous 1065
n'avez peut-être jamais vu de bataille, madame?

ROSINE.—Ni ne veux en voir.

LE COMTE.—Rien n'est pourtant aussi gai que bataille!
Figurez-vous (*poussant le docteur*) d'abord que l'en-
nemi est d'un côté du ravin, et les amis de l'autre. (*A* 1070
Rosine en lui montrant la lettre.) Sortez le mouchoir.
(*Il crache à terre.*) Voilà le ravin, cela s'entend.

(*Rosine, tire son mouchoir; le comte laisse tomber sa
lettre entre elle et lui.*)

BARTHOLO, *se baissant.*—Ah! ah!   1075

LE COMTE, *la reprend et dit.*—Tenez! . . . moi qui
allais vous apprendre ici les secrets de mon métier. . . .
Une femme bien discrète, en vérité! Ne voilà-t-il pas
un billet doux qu'elle laisse tomber de sa poche?

BARTHOLO.—Donnez, donnez.   1080

LE COMTE.— *Dulciter*, papa! chacun son affaire. Si
une ordonnance de rhubarbe était tombée de la votre? . . .

ROSINE, *avance la main.*—Ah! je sais ce que c'est,
monsieur le soldat. (*Elle prend la lettre qu'elle cache
dans la petite poche de son tablier.*)   1085

BARTHOLO.—Sortez-vous, enfin?

LE COMTE.—Eh bien, je sors. Adieu, docteur; sans
rancune. Un petit compliment, mon cœur: priez la
mort de m'oublier encore quelques campagnes; la vie
ne m'a jamais été si chère.   1090

BARTHOLO.—Allez toujours, si j'avais ce crédit-là sur la mort. . . .

LE COMTE.—Sur la mort? N'êtes-vous pas médecin? Vous faites tant de choses pour elle, qu'elle n'a rien à
1095 vous refuser. (*Il sort.*)

Scène XV

BARTHOLO, ROSINE.

BARTHOLO, *le regarde aller.*—Il est enfin parti. (*A part.*) Dissimulons.

ROSINE.—Convenez pourtant, monsieur, qu'il est bien gai, ce jeune soldat! A travers son ivresse, on
1100 voit qu'il ne manque ni d'esprit, ni d'une certaine éducation.

BARTHOLO.—Heureux, m'amour, d'avoir pu nous en délivrer! Mais n'es-tu pas un peu curieuse de lire avec moi le papier qu'il t'a remis?

1105 ROSINE.—Quel papier?

BARTHOLO.—Celui qu'il a feint de ramasser pour te le faire accepter.

ROSINE.—Bon! c'est la lettre de mon cousin l'officier, qui était tombée de ma poche.

1110 BARTHOLO.—J'ai idée, moi, qu'il l'a tirée de la sienne.

ROSINE.—Je l'ai très bien reconnue.

BARTHOLO.—Qu'est-ce qu'il coûte d'y regarder?

ROSINE.—Je ne sais pas seulement ce que j'en ai fait.

1115 BARTHOLO, *montrant la pochette.*—Tu l'as mise là.

ROSINE.—Ah! ah! par distraction.

BARTHOLO.—Ah! sûrement. Tu vas voir que ce sera quelque folie.

ROSINE, *à part.*—Si je ne le mets pas en colère, il n'y aura pas moyen de refuser.   1120

BARTHOLO.—Donne donc, mon cœur.

ROSINE.—Mais quelle idée avez-vous en insistant, monsieur? est-ce encore quelque méfiance?

BARTHOLO.—Mais vous, quelle raison avez-vous de ne pas la montrer?   1125

ROSINE.—Je vous répète, monsieur, que ce papier n'est autre que la lettre de mon cousin, que vous m'avez rendue hier toute décachetée; et puisqu'il en est question, je vous dirai tout net que cette liberté me déplaît excessivement.   1130

BARTHOLO.—Je ne vous entends pas.

ROSINE.—Vais-je examiner les papiers qui vous arrivent? Pourquoi vous donnez-vous les airs de toucher à ceux qui me sont adressés? Si c'est jalousie, elle m'insulte; s'il s'agit de l'abus d'une autorité usurpée, 1135 j'en suis plus révoltée encore.

BARTHOLO.—Comment, révoltée! Vous ne m'avez jamais parlé ainsi.

ROSINE.—Si je me suis modérée jusqu'à ce jour, ce n'était pas pour vous donner le droit de m'offenser 1140 impunément.

BARTHOLO.—De quelle offense me parlez-vous?

ROSINE.—C'est qu'il est inouï qu'on se permette d'ouvrir les lettres de quelqu'un.

BARTHOLO.—De sa femme?   1145

ROSINE.—Je ne la suis pas encore. Mais pourquoi lui donnerait-on la préférence d'une indignité qu'on ne fait à personne?

BARTHOLO.—Vous voulez me faire prendre le change et détourner mon attention du billet, qui, sans doute, 1150 est une missive de quelque amant! Mais je le verrai, je vous assure.

bonne, et je l'ai laissée échapper! En recevant la lettre, j'ai senti que je rougissais jusqu'aux yeux. Ah! 1250 mon tuteur a raison; je suis bien loin d'avoir cet usage du monde qui, me dit-il souvent, assure le maintien des femmes en toute occasion! Mais un homme injuste parviendrait à faire une rusée de l'innocence même.

ROSINE.—Vous ne le verrez pas. Si vous m'approchez, je m'enfuis de cette maison, et je demande 1155 retraite au premier venu.

BARTHOLO.—Qui ne vous recevra point.

ROSINE.—C'est ce qu'il faudra voir.

BARTHOLO.—Nous ne sommes pas ici en France, où l'on donne toujours raison aux femmes; mais pour 1160 vous en ôter la fantaisie, je vais fermer la porte.

ROSINE, *pendant qu'il y va.*—Ah! ciel! Que faire? . . . Mettons vite à la place la lettre de mon cousin, et donnons-lui beau jeu □ à la prendre. (*Elle fait l'échange, et met la lettre du cousin dans la pochette, de* 1165 *façon qu'elle sorte un peu.*)

BARTHOLO, *revenant.*—Ah! j'espère maintenant la voir.

ROSINE.—De quel droit, s'il vous plaît?

BARTHOLO.—Du droit le plus universellement re 1170 connu, celui du plus fort.

ROSINE.—On me tuera plutôt que de l'obtenir de moi.

BARTHOLO, *frappant du pied.* — Madame! Madame! . . .

1175 ROSINE, *tombe sur un fauteuil et feint de se trouver mal.*—Ah! quelle indignité! . . .

BARTHOLO.—Donnez cette lettre ou craignez ma colère.

ROSINE, *renversée.*—Malheureuse Rosine!

1180 BARTHOLO.—Qu'avez-vous donc?

ROSINE.—Quel avenir affreux!

BARTHOLO.—Rosine!

ROSINE.—J'étouffe de fureur.

BARTHOLO.—Elle se trouve mal.

1185 ROSINE.—Je m'affaiblis . . . je meurs.

BARTHOLO, *lui tâte le pouls, et dit à part.*—Dieux! la lettre! Lisons-la sans qu'elle en soit instruite. (*Il continue à lui tâter le pouls, et prend la lettre qu'il tâche de lire en se tournant un peu.*)

ROSINE, *toujours renversée.*—Infortunée! ah! . . .   1190

BARTHOLO, *lui quitte le bras et dit à part.*—Quelle rage a-t-on d'apprendre ce qu'on craint toujours de savoir!

ROSINE.—Ah! pauvre Rosine!

BARTHOLO.—L'usage des odeurs□ . . . produit ces 1195 affections spasmodiques. (*Il lit par derrière le fauteuil en lui tâtant le pouls. Rosine se relève un peu, le regarde finement, fait un geste de tête et se remet sans parler.*)

· BARTHOLO, *à part.*—O ciel! c'est la lettre de son cousin. Maudite inquiétude! Comment l'apaiser 1200 maintenant? Qu'elle ignore au moins que je l'ai lue! (*Il fait semblant de la soutenir et remet la lettre dans la pochette.*)

ROSINE, *soupire.*—Ah! . . .

BARTHOLO.—Eh bien! ce n'est rien, mon enfant; un 1205 petit mouvement de vapeurs, voilà tout; car ton pouls n'a seulement pas varié. · (*Il va prendre un flacon sur la console.*)

ROSINE, *à part.*—Il a remis la lettre! fort bien.

BARTHOLO.—Ma chère Rosine, un peu de cette eau 1210 spiritueuse.

ROSINE.—Je ne veux rien de vous: laissez-moi.

BARTHOLO.—Je conviens que j'ai montré trop de vivacité sur ce billet!

ROSINE.—Il s'agit bien du billet! C'est votre façon 1215 de demander les choses qui est révoltante.

BARTHOLO, *à genoux.*—Pardon: j'ai bientôt senti tous mes torts; et tu me vois à tes pieds, prêt à les réparer.

1220   ROSINE.—Oui, pardon! lorsque vous croyez que cette lettre ne vient pas de mon cousin.

BARTHOLO.—Qu'elle soit d'un autre ou de lui, je ne veux aucun éclaircissement.

ROSINE, *lui présentant la lettre.*—Vous voyez qu'avec 1225 de bonnes façons on obtient tout de moi.   Lisez-la.

BARTHOLO.—Cet honnête procédé dissiperait mes soupçons si j'étais assez malheureux pour en conserver.

ROSINE.—Lisez-la donc, monsieur.

BARTHOLO, *se retire.*—A Dieu ne plaise□ que je te fasse 1230 une pareille injure!

ROSINE.—Vous me contrariez de la refuser.

BARTHOLO.—Reçois en réparation cette marque de ma parfaite confiance. Je vais voir la pauvre Marce-line, que ce Figaro a, je ne sais pourquoi, saignée du 1235 pied□; n'y viens-tu pas aussi?

ROSINE.—J'y monterai dans un moment.

BARTHOLO.—Puisque la paix est faite, mignonne, donne-moi ta main.   Si tu pouvais m'aimer, ah! comme tu serais heureuse!

1240   ROSINE, *baissant les yeux.*—Si vous pouviez me plaire, ah! comme je vous aimerais!

BARTHOLO.—Je te plairai, je te plairai; quand je te dis que je te plairai!   (*Il sort.*)

SCÈNE XVI

ROSINE, *le regarde aller.*—Ah! Lindor! Il dit qu'il 1245 me plaira! . . . Lisons cette lettre, qui a manqué de me causer tant de chagrin. (*Elle lit et s'écrie:*) Ha! . . . j'ai lu trop tard; il me recommande de tenir une querelle ouverte avec mon tuteur; j'en avais une si

ACTE TROISIÈME

Scène Première

BARTHOLO, *seul et désolé.*

1255   Quelle humeur! quelle humeur! Elle paraissait apaisée. . . . Là, qu'on me dise qui diable lui a fourré dans la tête de ne plus vouloir prendre leçon de don Bazile! Elle sait qu'il se mêle de mon mariage. . . . (*On heurte à la porte.*) Faites tout au monde pour 1260 plaire aux femmes; si vous omettez un seul petit point . . . je dis un seul. . . . (*On heurte une seconde fois.*) Voyons qui c'est.

Scène II

BARTHOLO, LE COMTE, *en bachelier.*

LE COMTE.—Que la paix et la joie habitent toujours céans°!

1265   BARTHOLO, *brusquement.*—Jamais souhait ne vint plus à propos. Que voulez-vous?

LE COMTE.—Monsieur, je suis Alonzo, bachelier, licencié. . . .

BARTHOLO.—Je n'ai pas besoin de précepteur.

1270   LE COMTE.—Élève de don Bazile, organiste du grand couvent, qui a l'honneur de montrer la musique à madame votre. . . .

BARTHOLO.—Bazile! organiste! qui a l'honneur! Je le sais. Au fait!

71

LE COMTE, *à part.*—Quel homme!   (*Haut.*)   Un 1275
mal subit, qui le force à garder le lit. . . .

BARTHOLO.—Garder le lit! Bazile!   Il a bien fait
d'envoyer; je vais le voir à l'instant.

LE COMTE, *à part.*—Oh! diable! (*Haut.*)   Quand je
dis le lit, monsieur, c'est . . . la chambre que j'entends. 1280

BARTHOLO.—Ne fût-il qu'incommodé. . . . Marchez
devant; je vous suis.

LE COMTE, *embarrassé.* — Monsieur, j'étais chargé
. . . . Personne ne peut-il nous entendre?

BARTHOLO, *à part.*—C'est quelque fripon. (*Haut.*) 1285
Eh non, monsieur le mystérieux! parlez sans vous
troubler, si vous pouvez.

LE COMTE, *à part.*—Maudit vieillard! (*Haut.*)   Don
Bazile m'avait chargé de vous apprendre. . . .

BARTHOLO.—Parlez haut, je suis sourd d'une oreille. 1290

LE COMTE, *élevant la voix.*—Ah! volontiers. . . .
Que le comte Almaviva, qui restait à la grande
place. . . .

BARTHOLO, *effrayé.*—Parlez bas; parlez bas.

LE COMTE, *plus haut.*— . . . En est délogé ce 1295
matin.   Comme c'est par moi qu'il a su que le comte
Almaviva. . . .

BARTHOLO.—Bas; parlez bas, je vous prie.

LE COMTE, *du même ton.*— . . . Était en cette ville,
et que j'ai découvert que la señora Rosine lui a 1300
écrit. . . .

BARTHOLO.—Lui a écrit? Mon cher ami, parlez plus
bas, je vous en conjure! Tenez, asseyons-nous, et
jasons d'amitié. Vous avez découvert, dites-vous, que
Rosine. . . .   1305

LE COMTE, *fièrement.*—Assurément.   Bazile, inquiet
pour vous de cette correspondance, m'avait prié de

vous montrer sa lettre; mais la manière dont vous prenez les choses. . . .

1310 BARTHOLO.—Eh mon Dieu! je les prends bien. Mais ne vous est-il donc pas possible de parler plus bas?

LE COMTE.—Vous êtes sourd d'une oreille, avez-vous dit.

BARTHOLO.—Pardon, pardon, seigneur° Alonzo, si 1315 vous m'avez trouvé méfiant et dur; mais je suis tellement entouré d'intrigants, de pièges . . . et puis votre tournure, votre âge, votre air. . . . Pardon, pardon. Eh'bien! vous avez la lettre?

' LE COMTE.—A la bonne heure! Sur ce ton, mon- 1320 sieur. . . . Mais je crains qu'on ne soit aux écoutes°.

BARTHOLO.—Eh! qui voulez-vous? Tous mes valets sont sur les dents! Rosine, enfermée de fureur! Le diable est entré chez moi. Je vais encore m'assurer. . . . (Il va ouvrir doucement la porte de Rosine.)

1325 LE COMTE, à part.—Je me suis enferré° de dépit. . . . Garder la lettre à présent? il faudra m'enfuir; autant vaudrait n'être pas venu. . . . La lui montrer? . . . Si je puis en prévenir Rosine, la montrer est un coup de maître.

1330 BARTHOLO, revient sur la pointe du pied.—Elle est assise auprès de la fenêtre, le dos tourné à la porte, occupée à relire une lettre de son cousin l'officier, que j'avais décachetée. . . . Voyons donc la sienne.

LE COMTE, lui remet la lettre de Rosine.—La voici. 1335 (A part.) C'est ma lettre qu'elle relit.

BARTHOLO, lit.—"Depuis que vous m'avez appris votre nom et votre état. . . ." Ah! la perfide! c'est bien là sa main°.

LE COMTE, effrayé.—Parlez donc bas à votre tour.

1340 BARTHOLO.—Quelle obligation, mon cher!

LE COMTE.—Quand tout sera fini, si vous croyez m'en

devoir, vous serez le maître.   D'après un travail que
fait actuellement don Bazile avec un homme de
loi. . . .

BARTHOLO.—Avec un homme de loi, pour mon 1345
mariage?

LE COMTE.—Vous aurais-je arrêté sans cela? Il m'a
chargé de vous dire que tout peut être prêt pour demain. Alors, si elle résiste. . . .

BARTHOLO.—Elle résistera.   1350

LE COMTE, *veut reprendre la lettre, Bartholo la serre.*
—Voilà l'instant où je puis vous servir: nous lui mon-
trerons sa lettre, et s'il le faut (*plus mystérieusement*)
j'irai jusqu'à lui dire que je la tiens d'une femme à qui
le comte l'a⁰ sacrifiée; vous sentez que le trouble, la 1355
honte, le dépit peuvent la porter sur-le-champ. . . .

BARTHOLO, *riant.*—De la calomnie! mon cher ami,
je vois bien maintenant que vous venez de la part de
Bazile! Mais pour que ceci n'eût pas l'air concerté,
ne serait-il pas bon qu'elle vous connût d'avance?   1360

LE COMTE, *réprime un grand mouvement de joie.*—
C'était assez l'avis de don Bazile. Mais comment faire?
il est tard. . . . Au peu de temps qui reste. . . .

BARTHOLO.—Je dirai que vous venez en sa place. Ne
lui donnerez-vous pas bien une leçon?   1365

LE COMTE.—Il n'y a rien que je ne fasse pour vous
plaire. Mais prenez garde que toutes ces histoires de
maîtres supposés sont de vieilles finesses, des moyens
de comédie; si elle va se douter. . . .

BARTHOLO.—Présenté par moi, quelle apparence? 1370
Vous avez plus l'air d'un amant déguisé que d'un ami
officieux.

LE COMTE.—Oui? vous croyez donc que mon air peut
aider à la tromperie?

BARTHOLO.—Je le donne au plus fin à deviner. Elle 1375
est ce soir d'une humeur horrible. Mais quand elle ne

ferait que vous voir . . . son clavecin est dans ce cabinet. Amusez-vous en l'attendant: je vais faire l'impossible pour vous l'amener.

1380 LE COMTE.—Gardez-vous bien de^n lui parler de la lettre.

BARTHOLO.—Avant l'instant décisif? Elle perdrait tout son effet. Il ne faut pas me dire deux fois les choses: il ne faut pas me les dire deux fois. (*Il s'en va.*)

Scène III

LE COMTE, *seul.*

1385 Me voilà sauvé. Ouf! Que ce diable d'homme est rude à manier! Figaro le connaît bien. Je me voyais mentir; cela me donnait un air plat et gauche; et il a des yeux! Ma foi, sans l'inspiration subite de la lettre, il faut l'avouer, j'étais éconduit comme un sot. O 1390 ciel! on dispute là-dedans. Si elle allait s'obstiner à ne pas venir! Écoutons. . . . Elle refuse de sortir de chez elle, et j'ai perdu le fruit de ma ruse. (*Il retourne écouter.*) La voici; ne nous montrons pas d'abord. (*Il entre dans le cabinet.*)

Scène IV

LE COMTE, ROSINE, BARTHOLO.

1395 ROSINE, *avec une colère simulée.*—Tout ce que vous direz est inutile, monsieur, j'ai pris mon parti; je ne veux plus entendre parler de musique.

BARTHOLO.—Écoute donc, mon enfant; c'est le seigneur Alonzo, l'élève et l'ami de don Bazile, choisi par 1400 lui pour être un de nos témoins.—La musique te calmera, je t'assure.

ROSINE.—Oh! pour cela, vous pouvez vous en détacher. Si je chante ce soir! . . . Où donc est-il ce maître que vous craignez de renvoyer? Je vais en deux mots lui donner son compte°, et celui de Bazile. (*Elle* 1405 *aperçoit son amant, et fait un cri.*) Ah! . . .

BARTHOLO.—Qu'avez-vous?

ROSINE, *les deux mains sur son cœur avec un grand trouble.*—Ah! mon Dieu! monsieur. . . . Ah! mon Dieu! monsieur. . . .   1410

BARTHOLO.—Elle se trouve encore mal, seigneur Alonzo!

ROSINE.—Non, je ne me trouve pas mal . . . mais c'est qu'en me tournant. . . . Ah!

LE COMTE.—Le pied vous a tourné°, madame?   1415

ROSINE.—Ah oui! le pied m'a tourné. Je me suis fait un mal horrible.

LE COMTE.—Je m'en suis bien aperçu.

ROSINE, *regardant le comte.*—Le coup m'a porté au cœur.   1420

BARTHOLO.—Un siège, un siège. Et pas un fauteuil ici? (*Il va le chercher.*)

LE COMTE.—Ah! Rosine!

ROSINE.—Quelle imprudence!

LE COMTE.—J'ai mille choses essentielles à vous dire. 1425

ROSINE.—Il ne nous quittera pas.

LE COMTE.—Figaro va venir nous aider.

BARTHOLO, *apporte un fauteuil.*—Tiens, mignonne, assieds-toi.—Il n'y a pas d'apparence, bachelier, qu'elle prenne de leçon ce soir, ce sera pour un autre jour. 1430 Adieu.

ROSINE, *au comte.*—Non, attendez; ma douleur est un peu apaisée. (*A Bartholo.*) Je sens que j'ai eu tort avec vous, monsieur: je veux vous imiter en réparant sur-le-champ. . . .   1435

BARTHOLO.—Oh! le bon petit naturel de femme! Mais, après une pareille émotion, mon enfant, je ne souffrirai pas que tu fasses le moindre effort. Adieu, adieu, bachelier.

1440 ROSINE, *au comte.*—Un moment, de grâce! (*A Bartholo.*) Je croirai, monsieur, que vous n'aimez pas à m'obliger, si vous m'empêchez de vous prouver mes regrets en prenant ma leçon.

LE COMTE, *à Bartholo, à part.*—Ne la contrariez pas, 1445 si vous m'en croyez.

BARTHOLO.—Voilà qui est fini, mon amoureuse. Je suis si loin de chercher à te déplaire, que je veux rester là tout le temps que tu vas étudier.

ROSINE.—Non, monsieur: je sais que la musique n'a 1450 nul attrait pour vous.

BARTHOLO.—Je t'assure que ce soir elle m'enchantera.

ROSINE, *au comte, à part.*—Je suis au supplice.

LE COMTE, *prenant un papier de musique sur le pupitre.*—Est-ce là ce que vous voulez chanter, ma-1455 dame?

ROSINE.—Oui, c'est un morceau très agréable de la *Précaution inutile.*

BARTHOLO.—Toujours la *Précaution inutile!*

LE COMTE.—C'est ce qu'il y a de plus nouveau 1460 aujourd'hui. C'est une image du printemps d'un genre assez vif. Si madame veut l'essayer?

ROSINE, *regardant le comte.*—Avec grand plaisir: un tableau du printemps me ravit; c'est la jeunesse de la nature. Au sortir de l'hiver, il semble que le cœur 1465 acquière un plus haut degré de sensibilité; comme un esclave enfermé depuis longtemps goûte avec plus de plaisir le charme de la liberté qui vient de lui être offerte.

BARTHOLO, *bas au comte.* — Toujours des idées romanesques en tête.   1470

LE COMTE, *bas.*—En sentez-vous l'application?

BARTHOLO.—Parbleu! (*Il va s'asseoir dans le fauteuil qu'a occupé Rosine.*)

ROSINE, *chante.*—

Quand dans la plaine   1475
L'amour ramène
    Le printemps
Si chéri des amants,
Tout reprend l'être :
Son feu pénètre   1480
    Dans les fleurs
Et dans les jeunes cœurs.
    On voit les troupeaux
    Sortir des hameaux ;
Dans tous les coteaux   1485
Les cris des agneaux
    Retentissent ;
    Ils bondissent ;
    Tout fermente,
    Tout augmente ;   1490
Les brebis paissent
Les fleurs qui naissent ;
Les chiens fidèles
Veillent sur elles ;
Mais Lindor enflammé   1495
    Ne songe guère
Qu'au bonheur d'être aimé
    De sa bergère.

    Loin de sa mère,
    Cette bergère   1500
    Va chantant
Où son amant l'attend.
    Par cette ruse,
    L'amour l'abuse ;
    Mais chanter   1505
Sauve-t-il du danger?
    Les doux chalumeaux,
    Les chants des oiseaux,
    Ses charmes naissants,

1510
Ses quinze ou seize ans,
Tout l'excite,
Tout l'agite;
La pauvrette
S'inquiète;
1515
De sa retraite
Lindor la guette;
Elle s'avance,
Lindor s'élance;
Il vient de l'embrasser.
1520
Elle, bien aise,
Feint de se courroucer
Pour qu'on l'apaise.

PETITE REPRISE.□

Les soupirs,
1525
Les soins, les promesses,
Les vives tendresses,
Les plaisirs,
Le fin badinage,
Sont mis en usage;
1530
Et bientôt la bergère
Ne sent plus de colère.
Si quelque jaloux
Trouble un bien si doux
Nos amants d'accord
1535
Ont un soin extrême.
De voiler leur transport.
Mais quand on s'aime,
La gêne ajoute encor
Au plaisir même.

1540 (*En l'écoutant, Bartholo s'est assoupi. Le comte, pendant la petite reprise, se hasarde à prendre une main
qu'il couvre de baisers. L'émotion ralentit le chant de
Rosine, l'affaiblit et finit même par lui couper la voix au
milieu de la cadence, au mot* extrême. *L'orchestre suit
1545 le mouvement de la chanteuse, affaiblit son jeu*□ *et se tait
avec elle. L'absence du bruit qui avait endormi Bartholo le réveille. Le comte se relève, Rosine et l'orchestre*

*reprennent subitement la suite de l'air. Si la petite
reprise se répète, le même jeu recommence, etc.)*

LE COMTE.—En vérité, c'est un morceau charmant, 1550
et madame l'exécute avec une intelligence. . . .

ROSINE.—Vous me flattez, seigneur; la gloire est
tout entière au maître.

BARTHOLO, *bâillant.*—Moi, je crois que j'ai un peu
dormi pendant le morceau charmant. J'ai mes malades. 1555
Je vas, je viens, je toupille°, et sitôt que je m'assieds mes
pauvres jambes. . . . (*Il se lève et pousse le fauteuil.*)

ROSINE, *bas au comte.*—Figaro ne vient point.

LE COMTE—Filons le temps°.

BARTHOLO.—Mais, bachelier, je l'ai déjà dit à ce 1560
vieux Bazile: est-ce qu'il n'y aurait pas moyen de lui
faire étudier des choses plus gaies que toutes ces
grandes aria, qui vont en haut, en bas, en roulant, hi,
ho, a, a, a, a, et qui me semblent autant d'enterre-
ments? Là, de ces petits airs qu'on chantait dans ma 1565
jeunesse, et que chacun retenait facilement. J'en
savais autrefois. . . . Par exemple. . . . (*Pendant la
ritournelle, il cherche en se grattant la tête, et chante en
faisant claquer ses pouces et dansant des genoux, comme
les vieillards.*) 1570

Veux-tu, ma Rosinette,
Faire emplette
Du roi des maris?

(*Au comte, en riant.*) Il y a Fanchonnette dans la
chanson; mais j'y ai substitué Rosinette pour la lui 1575
rendre plus agréable et la faire cadrer° aux circon-
stances. Ah! ah! ah! ah! Fort bien! pas vrai?

LE COMTE, *riant.*—Ah! ah! ah! Oui, tout au mieux.

Scène V

FIGARO, *dans le fond*, ROSINE, BARTHOLO, LE COMTE.

BARTHOLO, *chante.*—

1580
> Veux-tu, ma Rosinette,
>   Faire emplette   *do you want to buy*
> Du roi des maris?
> Je ne suis point Tircis°;
>   Mais, la nuit, dans l'ombre,
1585
> Je vaux encor mon prix;
>   Et, quand il fait sombre,
> Les plus beaux chats sont gris°.

(Il répète la reprise, en dansant. Figaro, derrière lui, imite ses mouvements.)

1590
> Je ne suis point Tircis.

(Apercevant Figaro.) Ah! entrez, monsieur le barbier; avancez, vous êtes charmant!

FIGARO, *salue.*—Monsieur, il est vrai que ma mère me l'a dit autrefois; mais je suis un peu déformé 1595 depuis ce temps-là. *(A part, au comte.)* Bravo, monseigneur. *(Pendant toute cette scène le comte fait tout ce qu'il peut pour parler à Rosine, mais l'œil inquiet et vigilant du tuteur l'en empêche toujours, ce qui forme un jeu muet de tous les acteurs étrangers au* 1600 *débat du docteur et de Figaro.)*

BARTHOLO. — Venez-vous purger encore, saigner, droguer, mettre sur le grabat toute ma maison?

FIGARO.—Monsieur, il n'est pas tous les jours fête; mais, sans compter les soins quotidiens, monsieur a pu 1605 voir que, lorsqu'ils° en ont besoin, mon zèle n'attend pas qu'on lui commande. . . .

BARTHOLO.—Votre zèle n'attend pas! Que direz-

vous, monsieur le zélé, à ce malheureux qui bâille et
dort tout éveillé? et l'autre qui, depuis trois heures,
éternue à se faire sauter le crâne et jaillir la cervelle! 1610
que leur direz-vous?

FIGARO.—Ce que je leur dirai?

BARTHOLO.—Oui!

FIGARO.—Je leur dirai. . . . Eh parbleu, je dirai à
celui qui éternue, *Dieu vous bénisse;* et *Va te coucher* 1615
à celui qui bâille. Ce n'est pas cela, monsieur, qui
grossira le mémoire.

BARTHOLO.—Vraiment non; mais c'est la saignée et
les médicaments qui le grossiraient, si je voulais y entendre. Est-ce par zèle aussi que vous avez empaqueté 1620
les yeux de ma mule? et votre cataplasme lui rendra-
t-il la vue?

FIGARO.—S'il ne lui rend pas la vue, ce n'est pas
cela non plus qui l'empêchera d'y voir.

BARTHOLO.—Que je le trouve sur le mémoire! 1625
On n'est pas de cette extravagance-là!

FIGARO.—Ma foi, monsieur, les hommes n'ayant guère
à choisir qu'entre la sottise et la folie, où je ne vois pas
de profit, je veux au moins du plaisir; et vive la joie!
Qui sait si le monde durera encore trois semaines? 1630

BARTHOLO.—Vous feriez bien mieux, monsieur le
raisonneur, de me payer mes cent écus et les intérêts,
sans lanterner; je vous en avertis.

FIGARO.—Doutez-vous de ma probité, monsieur?
Vos cent écus! j'aimerais mieux vous les devoir toute 1635
ma vie que de les nier un seul instant.

BARTHOLO.—Et dites-moi un peu comment la petite
Figaro a trouvé les bonbons que vous lui avez portés?

FIGARO.—Quels bonbons? que voulez-vous dire?

BARTHOLO.—Oui, ces bonbons, dans ce cornet fait 1640
avec cette feuille de papier à lettre . . . ce matin.

FIGARO.—Diable emporte si. . . .

ROSINE, *l'interrompant.*—Avez-vous eu soin au moins de les lui donner de ma part, monsieur Figaro? Je 1645 vous l'avais recommandé.

FIGARO.—Ah! ah! les bonbons de ce matin? Que je suis bête, moi! j'avais perdu tout cela de vue. . . . Oh! excellents, madame, admirables!

BARTHOLO. — Excellents! admirables! Oui, sans 1650 doute, monsieur le barbier, revenez sur vos pas! Vous faites là un joli métier, monsieur, . . . тиди

FIGARO.—Qu'est-ce qu'il a□ donc, monsieur?

BARTHOLO.—Et qui vous fera une belle réputation, monsieur!

1655 FIGARO.—Je la soutiendrai□, monsieur.

BARTHOLO.—Dites que vous la supporterez□, monsieur.

FIGARO.—Comme il vous plaira, monsieur.

BARTHOLO.—Vous le prenez bien haut, monsieur! Sachez que, quand je dispute avec un fat, je ne lui cède 1660 jamais.

FIGARO, *lui tourne le dos.*—Nous différons en cela, monsieur; moi, je lui cède toujours.

BARTHOLO.—Hein? qu'est-ce qu'il dit donc, bachelier?

FIGARO.—C'est que vous croyez avoir affaire à quelque 1665 barbier de village, et qui ne sait manier que le rasoir. Apprenez, monsieur, que j'ai travaillé de la plume à Madrid, et que sans les envieux. . . .

BARTHOLO.—Eh! que n'y restiez-vous, sans venir ici changer de profession!

1670 FIGARO.—On fait comme on peut; mettez-vous à ma place.

BARTHOLO.—Me mettre à votre place! Ah! parbleu, je dirais de belles sottises!

FIGARO.—Monsieur, vous ne commencez pas trop mal;

je m'en rapporte à votre confrère, qui est là rêvas- 1675
sant. . . .

LE COMTE, *revenant à lui.*—Je . . . Je ne suis pas le
confrère de monsieur.

FIGARO.—Non? Vous voyant ici à consulter, j'ai
pensé que vous poursuiviez le même objet°. 1680

BARTHOLO, *en colère.*—Enfin, quel sujet vous amène?
Y a-t-il quelque lettre à remettre encore ce soir à
madame? Parlez, faut-il que je me retire?

FIGARO.—Comme vous rudoyez le pauvre monde!
Eh parbleu, monsieur, je viens vous raser, voilà tout: 1685
n'est-ce pas aujourd'hui votre jour?

BARTHOLO.—Vous reviendrez tantôt.

FIGARO.—Ah oui, revenir! toute la garnison prend
médecine demain matin; j'en ai obtenu l'entreprise par
mes protections. Jugez donc comme j'ai du temps à 1690
perdre! Monsieur passe-t-il chez lui°?

BARTHOLO.—Non, monsieur ne passe point chez lui.
Eh mais . . . qui empêche qu'on ne me rase ici?

ROSINE, *avec dédain.*—Vous êtes honnête°! Et pourquoi pas dans mon appartement? 1695

BARTHOLO.—Tu te fâches? pardon, mon enfant, tu
vas achever de prendre ta leçon; c'est pour ne pas
perdre un instant le plaisir de t'entendre.

FIGARO, *bas au comte.*—On ne le tirera pas d'ici!
(*Haut.*) Allons, l'Éveillé! la Jeunesse! le bassin, de 1700
l'eau, tout ce qu'il faut à monsieur!

BARTHOLO. — Sans doute, appelez-les! Fatigués,
harassés, moulus° de votre façon, n'a-t-il pas fallu les
faire coucher?

FIGARO.—Eh bien! j'irai tout chercher, n'est-ce, pas 1705
dans votre chambre? (*Bas au comte.*) Je vais l'at-
tirer dehors.

BARTHOLO, *détache son trousseau de clefs et dit par*

réflexion.—Non, non, j'y vais moi-même. (*Bas au*
1710 *comte, en s'en allant.*) Ayez les yeux sur eux, je vous
prie.

Scène VI

FIGARO, LE COMTE, ROSINE.

FIGARO.—Ah! que nous l'avons manqué belle! il
allait me donner le trousseau. La clef de la jalousie
n'y est-elle pas?
1715 ROSINE.—C'est la plus neuve de toutes.

Scène VII

BARTHOLO, FIGARO, LE COMTE, ROSINE.

BARTHOLO, *revenant*.—(*A part.*) Bon! je ne sais ce
que je fais de laisser ici ce maudit barbier. (*A Figaro.*)
Tenez. (*Il lui donne le trousseau.*) Dans mon cabinet, sous mon bureau; mais ne touchez à rien.
1720 FIGARO.—La peste! il y ferait bon, méfiant comme
vous êtes! (*A part, en s'en allant.*) Voyez comme le
ciel protège l'innocence!

Scène VIII

BARTHOLO, LE COMTE, ROSINE.

BARTHOLO, *bas au comte*.—C'est le drôle qui a porté
la lettre au comte.
1725 LE COMTE, *bas*.—Il m'a l'air d'un fripon.
BARTHOLO.—Il ne m'attrapera plus.

LE COMTE.—Je crois qu'à cet égard le plus fort est fait.

BARTHOLO.—Tout considéré, j'ai pensé qu'il était plus prudent de l'envoyer dans ma chambre que de le 1730 laisser avec elle.

LE COMTE.—Ils n'auraient pas dit un mot que je n'eusse été en tiers.

ROSINE.—Il est bien poli, messieurs, de parler bas sans cesse? Et ma leçon? (*Ici l'on entend un bruit,* 1735 *comme de la vaisselle renversée.*)

BARTHOLO, *criant.*—Qu'est-ce que j'entends donc! Le cruel barbier aura tout laissé tomber par l'escalier, et les plus belles pièces de mon nécessaire! . . . (*Il court dehors.*) 1740

SCÈNE IX

LE COMTE, ROSINE.

LE COMTE.—Profitons du moment que l'intelligence de Figaro nous ménage. Accordez-moi, ce soir, je vous en conjure, madame, un moment d'entretien indispensable pour vous soustraire à l'esclavage où vous allez tomber. 1745

ROSINE.—Ah! Lindor!

LE COMTE.—Je puis monter à votre jalousie; et quant à la lettre que j'ai reçue de vous ce matin, je me suis vu forcé. . . .

SCÈNE X

ROSINE, BARTHOLO, FIGARO, LE COMTE.

BARTHOLO.—Je ne m'étais pas trompé; tout est 1750 brisé, fracassé.

FIGARO.—Voyez le grand malheur pour tant de train[o]! On ne voit goutte[o] sur l'escalier. (*Il montre la clef au comte.*) Moi, en montant, j'ai accroché[n] une clef. . . .

1755 BARTHOLO.—On prend garde à ce qu'on fait. Accrocher une clef! L'habile homme!

FIGARO.—Ma foi, monsieur, cherchez-en un plus subtil.

Scène XI

LES ACTEURS PRÉCÉDENTS, DON BAZILE.

ROSINE, *effrayée, à part.*—Don Bazile! . . .

1760 LE COMTE, *à part.*—Juste ciel!

FIGARO, *à part.*—C'est le diable!

BARTHOLO, *va au-devant de lui.*—Ah! Bazile, mon ami, soyez le bien rétabli[o]. Votre accident n'a donc point eu de suites? En vérité, le seigneur Alonzo 1765 m'avait fort effrayé sur votre état; demandez-lui: je partais pour aller vous voir, et s'il ne m'avait point retenu. . . .

BAZILE, *étonné.*—Le seigneur Alonzo? . . .

FIGARO, *frappe du pied.*—Eh quoi! toujours des 1770 accrocs[o]? Deux heures pour une méchante[o] barbe. . . . Chienne de pratique[o]!

BAZILE, *regardant tout le monde.*—Me ferez-vous bien le plaisir de me dire, messieurs? . . .

FIGARO.—Vous lui parlerez quand je serai parti.

1775 BAZILE.—Mais encore faudrait-il. . . .

LE COMTE.—Il faudrait vous taire, Bazile. Croyez-vous apprendre à monsieur quelque chose qu'il ignore? Je lui ai raconté que vous m'aviez chargé de venir donner une leçon de musique à votre place.

BAZILE, *plus étonné.*—La leçon de musique! . . . 1780
Alonzo! . . .

ROSINE, *à Bazile, à part.*—Eh! taisez-vous.

BAZILE.—Elle aussi!

LE COMTE, *bas à Bartholo.*—Dites-lui donc tout bas
que nous en sommes convenus.   1785

BARTHOLO, *à Bazile, à part.*—N'allez pas nous dé-
mentir, Bazile, en disant qu'il n'est pas votre élève,
vous gâteriez tout.

BAZILE.—Ah! ah!

BARTHOLO, *haut.*—En vérité, Bazile, on n'a pas plus 1790
de talent que votre élève.

BAZILE, *stupéfait.*—Que mon élève! . . . (*Bas.*)
Je venais pour vous dire que le comte est déménagé.

BARTHOLO, *bas.*—Je le sais, taisez-vous.

BAZILE, *bas.*—Qui vous l'a dit?   1795

BARTHOLO, *bas.*—Lui, apparemment!

LE COMTE, *bas.*—Moi, sans doute: écoutez seulement.

ROSINE *bas, à Bazile.*—Est-il si difficile de vous
taire?

FIGARO, *bas à Bazile.*—Hum! grand escogriffe! Il 1800
est sourd!

BAZILE, *à part.*—Qui diable est-ce donc qu'on
trompe ici? Tout le monde est dans le secret.

BARTHOLO, *haut.*—Eh bien! Bazile, votre homme de
loi?   1805

FIGARO.—Vous avez toute la soirée pour parler de
l'homme de loi.

BARTHOLO, *à Bazile.*—Un mot; dites-moi seulement
si vous êtes content de l'homme de loi?

BAZILE, *effaré.*—De l'homme de loi?   1810

LE COMTE, *souriant.* — Vous ne l'avez pas vu,
l'homme de loi?

BAZILE, *impatienté.*—Eh! non, je ne l'ai pas vu, l'homme de loi.

1815 LE COMTE, *à Bartholo, à part.*—Voulez-vous donc qu'il s'explique ici devant elle? Renvoyez-le.

BARTHOLO, *bas au comte.* — Vous avez raison. (*A Bazile.*) Mais quel mal vous a donc pris si subitement?

1820 BAZILE, *en colère.*—Je ne vous entends pas.

LE COMTE, *lui met, à part, une bourse dans la main.*—Oui: monsieur vous demande ce que vous venez faire ici dans l'état d'indisposition où vous êtes.

FIGARO.—Il est pâle comme un mort.

1825 BAZILE.—Ah! je comprends. . . .

LE COMTE.—Allez vous coucher, mon cher Bazile: vous n'êtes pas bien, et vous nous faites mourir de frayeur. Allez vous coucher.

FIGARO.—Il a la physionomie toute renversée. Allez
1830 vous coucher. . . .

BARTHOLO.—D'honneur, il sent la fièvre d'une lieue. Allez vous coucher.

ROSINE.—Pourquoi donc êtes-vous sorti? On dit que cela se gagne. Allez vous coucher.

1835 BAZILE, *au dernier étonnement.*—Que j'aille me coucher?

TOUS LES ACTEURS ENSEMBLE.—Eh! sans doute.

BAZILE, *les regardant tous.*—En effet, messieurs, je crois que je ne ferais pas mal de me retirer; je sens que
1840 je ne suis pas ici dans mon assiette ordinaire.

BARTHOLO.—A demain, toujours, si vous êtes mieux.

LE COMTE.—Bazile, je serai chez vous de très bonne heure.

FIGARO.—Croyez-moi, tenez-vous bien chaudement
1845 dans votre lit.

ROSINE.—Bonsoir, monsieur Bazile.

BAZILE, *à part.*—Diable emporte, si j'y comprends rien; et sans cette bourse. . . .

TOUS.—Bonsoir, Bazile, bonsoir.

BAZILE, *en s'en allant.*—Eh bien! bonsoir donc, 1850 bonsoir.

(*Ils l'accompagnent tous en riant.*)

Scène XII

LES ACTEURS PRÉCÉDENTS, *excepté* BAZILE.

BARTHOLO, *d'un ton important.*—Cet homme-là n'est pas bien du tout.

ROSINE.—Il a les yeux égarés.

LE COMTE.—Le grand air l'aura saisi. 1855

FIGARO.—Avez-vous vu comme il parlait tout seul? Ce que c'est que de nous°! (*A Bartholo.*) Ah çà! vous décidez-vous, cette fois? (*Il lui pousse un fauteuil très loin du comte et lui présente le linge.*)

LE COMTE.—Avant de finir, madame, je dois vous 1860 dire un mot essentiel au progrès de l'art que j'ai l'honneur de vous enseigner. (*Il s'approche et lui parle bas à l'oreille.*)

BARTHOLO, *à Figaro.*—Eh mais! il semble que vous le fassiez exprès de vous approcher et de vous mettre 1865 devant moi pour m'empêcher de voir. . . .

LE COMTE, *bas à Rosine.*—Nous avons la clef de la jalousie, et nous serons ici à minuit.

FIGARO, *passe le linge au cou de Bartholo.*—Quoi voir? Si c'était une leçon de danse, on vous passerait 1870 d'y regarder°; mais du chant! . . . Aïe! aïe!

BARTHOLO.—Qu'est-ce que c'est?

FIGARO.—Je ne sais ce qui m'est entré dans l'œil.
(*Il rapproche sa tête.*)

1875   BARTHOLO.—Ne frottez donc pas.

FIGARO.—C'est le gauche.   Voudriez-vous me faire
le plaisir d'y souffler un peu fort?

(*Bartholo prend la tête de Figaro, regarde par-dessus,
le pousse violemment et va derrière les amants
écouter leur conversation.*)

1880

LE COMTE, *bas à Rosine.*—Et quant à votre lettre, je
me suis trouvé tantôt dans un tel embarras pour
rester ici. . . .

FIGARO, *de loin pour avertir.*—Hem! . . . hem! . . .

1885   LE COMTE.—Désolé de voir encore mon déguisement
inutile. . . .

BARTHOLO, *passant entre deux.*—Votre déguisement
inutile!

ROSINE, *effrayée.*—Ah! . . .

1890   BARTHOLO.—Fort bien, madame, ne vous gênez pas.
Comment! sous mes yeux même, en ma présence, on
m'ose outrager de la sorte!

LE COMTE.—Qu'avez-vous donc, seigneur?

BARTHOLO.—Perfide Alonzo!

1895   LE COMTE.—Seigneur Bartholo, si vous avez souvent
des lubies comme celle dont le hasard me rend témoin,
je ne suis plus étonné de l'éloignement que mademoiselle
a pour devenir votre femme.

ROSINE.—Sa femme!   Moi!   Passer mes jours
1900 auprès d'un vieux jaloux, qui, pour tout bonheur,
offre à ma jeunesse un esclavage abominable!

BARTHOLO.—Ah! qu'est-ce que j'entends?

ROSINE.—Oui, je le dis tout haut; je donnerai mon
cœur et ma main à celui qui pourra m'arracher de cette
1905 horrible prison, où ma personne et mon bien sont
retenus contre toute justice.   (*Rosine sort.*)

Scène XIII

BARTHOLO, FIGARO, LE COMTE.

BARTHOLO.—La colère me suffoque.

LE COMTE.—En effet, seigneur, il est difficile qu'une jeune femme. . . .

FIGARO.—Oui, une jeune femme et un grand âge, 1910 voilà ce qui trouble la tête d'un vieillard.

BARTHOLO.—Comment! lorsque je les prends sur le fait! Maudit barbier! il me prend des envies. .

FIGARO.—Je me retire, il est fou.

LE COMTE.—Et moi aussi; d'honneur, il est fou.   1915

FIGARO.—Il est fou, il est fou. . . .

(*Ils sortent.*)

Scène XIX

BARTHOLO, *seul, les poursuit.*

Je suis fou! Infâmes suborneurs! Émissaires du diable dont vous faites ici l'office, et qui puisse vous emporter tous! . . . Je suis fou! . . . Je les ai vus comme je vois ce pupitre et me soutenir effronté- 1920 ment! . . . Ah! il n'y a que Bazile qui puisse m'expliquer ceci. Oui, envoyons-le chercher. Holà, quelqu'un! . . . Ah! j'oublie que je n'ai personne. . . . Un voisin, le premier venu; n'importe. Il y a de quoi perdre l'esprit! . . . il y a de quoi perdre l'esprit! 1925

Pendant l'entr'acte, le théâtre s'obscurcit: on entend un bruit d'orage.

ACTE QUATRIÈME

Le théâtre est obscur.

Scène Première

BARTHOLO, DON BAZILE, *une lanterne de papier*
à la main.

BARTHOLO.—Comment, Bazile, vous ne le connaissez
pas? ce que vous dites est-il possible?

BAZILE.—Vous m'interrogeriez cent fois, que je vous
ferais toujours la même réponse. S'il vous a remis la
1930 lettre de Rosine, c'est sans doute un des émissaires du
comte. Mais, à la magnificence du présent qu'il m'a
fait, il se pourrait que ce fût le comte lui-même.

BARTHOLO.—Quelle apparence? Mais, à propos de ce
présent, eh! pourquoi l'avez-vous reçu?

1935 BAZILE.—Vous aviez l'air d'accord; je n'y entendais
rien; et dans les cas difficiles à juger, une bourse d'or
me paraît toujours un argument sans réplique. Et
puis, comme dit le proverbe, ce qui est bon à pren-
dre⁰. . . .

1940 BARTHOLO.—J'entends, est bon. . . .

BAZILE.—A garder⁰.

BARTHOLO, *surpris.*—Ah! ah!

BAZILE.—Oui, j'ai arrangé comme cela plusieurs
petits proverbes avec des variations. Mais, allons au
1945 fait: à quoi vous arrêtez-vous?

BARTHOLO.—En ma place, Bazile, ne feriez-vous pas
les derniers efforts pour la posséder?

93

BAZILE.—Ma foi non, docteur.   En toute espèce de biens, posséder est peu de chose; c'est jouir qui rend heureux: mon avis est qu'épouser une femme dont on 1950 n'est point aimé, c'est s'exposer. . . .

BARTHOLO.—Vous craindriez les accidents?

BAZILE.—Hé, hé, monsieur . . . on en voit beaucoup cette année.   Je ne ferais point violence à son cœur.   1955

BARTHOLO.—Votre valet°, Bazile.   Il vaut mieux qu'elle pleure de m'avoir, que moi je meure de ne l'avoir pas.

BAZILE.—Il y va de la vie?   Épousez, docteur, épousez.   1960

BARTHOLO.—Ainsi ferai-je, et cette nuit même.

BAZILE.—Adieu donc.—Souvenez-vous, en parlant à la pupille, de les rendre tous plus noirs que l'enfer.

BARTHOLO.—Vous avez raison.

BAZILE.—La calomnie, docteur, la calomnie!   Il 1965 faut toujours en venir là.

BARTHOLO.—Voici la lettre de Rosine que cet Alonzo m'a remise, et il m'a montré, sans le vouloir, l'usage que j'en dois faire auprès d'elle.

BAZILE.—Adieu: nous serons tous ici à quatre 1970 heures.

BARTHOLO.—Pourquoi pas plus tôt?

BAZILE.—Impossible; le notaire est retenu.

BARTHOLO.—Pour un mariage?

BAZILE.—Oui, chez le barbier Figaro; c'est sa nièce 1975 qu'il marie.

BARTHOLO.—Sa nièce? il n'en a pas.

BAZILE.—Voilà ce qu'ils ont dit au notaire.

BARTHOLO.—Ce drôle est du complot: que diable! . . .

BAZILE.—Est-ce que vous penseriez? . . .   1980

BARTHOLO.—Ma foi, ces gens-là sont si alertes! Tenez, mon ami, je ne suis pas tranquille. Retournez chez le notaire. Qu'il vienne ici sur-le-champ avec vous.

1985 BAZILE.—Il pleut, il fait un temps du diable; mais rien ne m'arrête pour vous servir. Que faites-vous donc?

BARTHOLO.—Je vous reconduis; n'ont-ils pas fait estropier tout mon monde par ce Figaro! Je suis seul 1990 ici.

BAZILE.—J'ai ma lanterne.

BARTHOLO.—Tenez, Bazile, voilà mon passe-partout. Je vous attends, je veille; et vienne qui voudra, hors le notaire et vous, personne n'entrera de la nuit.

1995 BAZILE.—Avec ces précautions, vous êtes sûr de votre fait°.

Scène II

ROSINE, *seule, sortant de sa chambre.*

Il me semblait avoir entendu parler. Il est minuit sonné; Lindor ne vient point! Ce mauvais temps même était propre à le favoriser. Sûr de ne rencontrer 2000 personne. . . . Ah! Lindor! si vous m'aviez trompée! . . . Quel bruit entends-je? . . . Dieux! C'est mon tuteur. Rentrons.

Scène III

ROSINE, BARTHOLO.

BARTHOLO, *tenant de la lumière.*—Ah! Rosine, puisque vous n'êtes pas encore rentrée dans votre ap- 2005 partement. . . .

ROSINE.—Je vais me retirer.

BARTHOLO.—Par le temps affreux qu'il fait, vous ne reposerez pas, et j'ai des choses très pressées à vous dire.

ROSINE.—Que me voulez-vous, monsieur? N'est-ce donc pas assez d'être tourmentée le jour? 2010

BARTHOLO.—Rosine, écoutez-moi.

ROSINE.—Demain, je vous entendrai.

BARTHOLO.—Un moment, de grâce!

ROSINE, *à part.*—S'il allait venir! 2015

BARTHOLO, *lui montre sa lettre.*—Connaissez-vous cette lettre?

ROSINE, *la reconnaît.*—Ah! grands dieux! . . .

BARTHOLO.—Mon intention, Rosine, n'est point de vous faire des reproches: à votre âge, on peut s'égarer; 2020 mais je suis votre ami: écoutez-moi.

ROSINE.—Je n'en puis plus.

BARTHOLO.—Cette lettre que vous avez écrite au comte Almaviva. . . .

ROSINE, *étonnée.*—Au comte Almaviva! . . . 2025

BARTHOLO.—Voyez quel homme affreux est ce comte: aussitôt qu'il l'a reçue, il en a fait trophée; je la tiens d'une femme à qui il l'a sacrifiée.

ROSINE.—Le comte Almaviva! . . .

BARTHOLO.—Vous avez peine à vous persuader cette 2030 horreur. L'inexpérience, Rosine, rend votre sexe confiant et crédule; mais apprenez dans quel piège on vous attirait. Cette femme m'a fait donner avis de tout, apparemment pour écarter une rivale aussi dangereuse que vous. J'en frémis! le plus abominable complot, 2035 entre Almaviva, Figaro et cet Alonzo, cet élève supposé de Bazile qui porte un autre nom et n'est que le vil agent du comte, allait vous entraîner dans un abîme dont rien n'eût pu vous tirer.

2040 ROSINE, *accablée.*—Quelle horreur! . . . quoi! Lindor? . . . quoi! ce jeune homme. . . .

BARTHOLO, *à part.*—Ah! c'est Lindor.

ROSINE.—C'est pour le comte Almaviva. . . . C'est pour un autre. . . .

2045 BARTHOLO.—Voilà ce qu'on m'a dit en me remettant votre lettre.

ROSINE, *outrée.*—Ah! quelle indignité . . . Il en sera puni.—Monsieur, vous avez désiré de m'épouser?

BARTHOLO.—Tu connais la vivacité de mes senti-
2050 ments.

ROSINE.—S'il peut vous en rester encore, je suis à vous.

BARTHOLO.—Eh bien! le notaire viendra cette nuit même.

2055 ROSINE.—Ce n'est pas tout; ô ciel! suis-je assez humiliée! . . . Apprenez que dans peu le perfide ose entrer par cette jalousie, dont ils ont eu l'art de vous dérober la clef.

BARTHOLO, *regardant au trousseau.*—Ah! les scélé-
2060 rats! . . . Mon enfant, je ne te quitte plus.

ROSINE, *avec effroi.*—Ah! monsieur, et s'ils sont armés?

BARTHOLO.—Tu as raison; je perdrais ma vengeance. Monte chez Marceline: enferme-toi chez elle à double
2065 tour. Je vais chercher main-forte et l'attendre auprès de la maison. Arrêté comme voleur, nous aurons le plaisir d'en être à la fois vengés et délivrés! Et compte que mon amour te dédommagera.

ROSINE, *au désespoir.* — Oubliez seulement mon
2070 erreur. (*A part.*) Ah! je m'en punis assez!

BARTHOLO, *s'en allant.*—Allons nous embusquer. A la fin, je la tiens.   (*Il sort.*)

Scène IV

ROSINE, *seule.*

Son amour me dédommagera. . . . Malheureuse!
. . . (*Elle tire son mouchoir et s'abandonne aux larmes.*)
Que faire? . . . Il va venir. Je veux rester et feindre 2075
avec lui, pour le contempler un moment dans toute sa
noirceur. La bassesse de son procédé sera mon préser-
vatif. . . . Ah! j'en ai grand besoin. Figure noble!
air doux! une voix si tendre! . . . et ce n'est que le
vil agent d'un corrupteur! Ah! malheureuse! mal- 2080
heureuse! . . . Ciel! on ouvre la jalousie!

(*Elle se sauve.*)

Scène V

LE COMTE, FIGARO, *enveloppé d'un manteau paraît à la fenêtre.*

FIGARO, *parle en dehors.* — Quelqu'un s'enfuit;
entrerai-je?

LE COMTE, *en dehors.*—Un homme?

FIGARO.—Non. 2085

LE COMTE.—C'est Rosine, que ta figure atroce aura
mise en fuite.

FIGARO, *saute dans la chambre.*—Ma foi, je le crois.
. . . Nous voici enfin arrivés, malgré la pluie, la foudre
et les éclairs. 2090

LE COMTE, *enveloppé d'un long manteau.*—Donne-
moi la main. (*Il saute à son tour.*) A nous la vic-
toire!

FIGARO, *jette son manteau.*—Nous sommes tout

2095 percés⁰. Charmant temps pour aller en bonne fortune⁰!
Monseigneur, comment trouvez-vous cette nuit?

LE COMTE.—Superbe pour un amant.

FIGARO.—Oui, mais pour un confident? . . . et si
quelqu'un allait nous surprendre ici?

2100 LE COMTE.—N'es-tu pas avec moi? J'ai bien une
autre inquiétude: c'est de la déterminer à quitter sur-
le-champ la maison du tuteur.

FIGARO.—Vous avez pour vous trois passions toutes
puissantes sur le beau sexe: l'amour, la haine et la
2105 crainte.

LE COMTE, regarde dans l'obscurité.—Comment lui
annoncer brusquement que le notaire l'attend chez toi
pour nous unir? Elle trouvera mon projet bien hardi.
Elle va me nommer audacieux.

2110 FIGARO.—Si elle vous nomme audacieux, vous l'ap-
pellerez cruelle. Les femmes aiment beaucoup qu'on
les appelle cruelles. Au surplus, si son amour est tel
que vous le désirez, vous lui direz qui vous êtes: elle
ne doutera plus de vos sentiments.

Scène VI

LE COMTE, ROSINE, FIGARO.

(*Figaro allume toutes les bougies qui sont sur la table.*)

2115 LE COMTE.—La voici!—Ma belle Rosine! . . .

ROSINE, *d'un ton très composé.*—Je commençais,
monsieur, à craindre que vous ne vinssiez pas.

LE COMTE.—Charmante inquiétude! . . . Mademoiselle, il ne me convient point d'abuser des circon-
2120 stances pour vous proposer de partager le sort d'un

infortuné; mais quelque asile que vous choisissiez, je
jure mon honneur. . . .

ROSINE.—Monsieur, si le don de ma main n'avait pas
dû suivre à l'instant celui de mon cœur, vous ne seriez
pas ici. Que la nécessité justifie à vos yeux ce que 2125
cette entrevue a d'irrégulier!

LE COMTE.—Vous, Rosine! la compagne d'un malheureux sans fortune, sans naissance! . . .

ROSINE.—La naissance, la fortune! Laissons là les
jeux du hasard, et si vous m'assurez que vos intentions 2130
sont pures. . . .

LE COMTE, à ses pieds.—Ah! Rosine, je vous adore! . . .

ROSINE, indignée.—Arrêtez, malheureux! vous osez
profaner! Tu m'adores! . . . Va! tu n'es plus
dangereux pour moi; j'attendais ce mot pour te détes- 2135
ter. Mais avant de t'abandonner au remords qui t'attend, (en pleurant) apprends que je t'aimais; apprends
que je faisais mon bonheur de partager ton mauvais
sort. Misérable Lindor! j'allais tout quitter pour te
suivre; mais le lâche abus que tu as fait de mes bontés, 2140
et l'indignité de cet affreux comte Almaviva, à qui tu
me vendais, ont fait rentrer dans mes mains ce témoi-
gnage de ma faiblesse. Connais-tu cette lettre?

LE COMTE, vivement.—Que votre tuteur vous a
remise?   2145

ROSINE, fièrement.—Oui, je lui en ai l'obligation.

LE COMTE.—Dieux! que je suis heureux! Il la tient
de moi. Dans mon embarras, hier, je m'en suis servi
pour arracher sa confiance, et je n'ai pu trouver l'instant de vous en informer. Ah! Rosine! il est donc 2150
vrai que vous m'aimez véritablement!

FIGARO.—Monseigneur, vous cherchiez une femme
qui vous aimât pour vous-même.

ROSINE.—Monseigneur! que dit-il?

LE COMTE, jetant son large manteau, paraît en habit 2155

magnifique.—O la plus aimée des femmes! il n'est plus temps de vous abuser: l'heureux homme que vous voyez à vos pieds n'est point Lindor; je suis le comte Almaviva, qui meurt d'amour et vous cherche en vain
2160 depuis six mois.

ROSINE, *tombe dans les bras du comte.*—Ah!...

LE COMTE, *effrayé.*—Figaro?

FIGARO.—Point d'inquiétude, monseigneur: la douce émotion de la joie n'a jamais de suites fâcheuses; la
2165 voilà, la voilà qui reprend ses sens; morbleu! qu'elle est belle!

ROSINE.—Ah! Lindor!... Ah! monsieur, que je suis coupable! j'allais me donner cette nuit même à mon tuteur.

2170   LE COMTE.—Vous, Rosine?

ROSINE.—Ne voyez que ma punition: j'aurais passé ma vie à vous détester. Ah! Lindor! le plus affreux supplice n'est-il pas de haïr, quand on sent qu'on est faite pour aimer?

2175 FIGARO, *regarde à la fenêtre.*—Monseigneur, le retour est fermé, l'échelle est enlevée.

LE COMTE.—Enlevée!

ROSINE, *troublée.*—Oui, c'est moi... c'est le docteur. Voilà le fruit de ma crédulité. Il m'a trompée.
2180 J'ai tout avoué, tout trahi: il sait que vous êtes ici, et va venir avec main-forte.

FIGARO, *regarde encore.*—Monseigneur! on ouvre la porte de la rue.

ROSINE, *courant dans les bras du comte avec frayeur.*
2185 —Ah! Lindor!...

LE COMTE, *avec fermeté.*—Rosine, vous m'aimez! Je ne crains personne, et vous serez ma femme. J'aurai donc le plaisir de punir à mon gré l'odieux vieillard!...

ROSINE.—Non, non, grâce pour lui, cher Lindor!

Mon cœur est si plein, que la vengeance ne peut y 2190
trouver place.

Scène VII

LE NOTAIRE, DON BAZILE, LES ACTEURS PRÉCÉDENTS.

FIGARO.—Monseigneur, c'est notre notaire°.

LE COMTE.—Et l'ami Bazile avec lui!

BAZILE.—Ah! qu'est-ce que j'aperçois?

FIGARO.—Eh, par quel hasard, notre ami. . . .   2195

BAZILE.—Par quel accident, messieurs? . . .

LE NOTAIRE.—Sont-ce là les futurs conjoints?

LE COMTE.—Oui, monsieur.   Vous deviez unir la
señora Rosine et moi cette nuit, chez le barbier Figaro;
mais nous avons préféré cette maison pour des raisons 2200
que vous saurez.   Avez-vous notre contrat?

LE NOTAIRE.—J'ai donc l'honneur de parler à·Son
Excellence monsieur le comte Almaviva?

FIGARO.—Précisément.

BAZILE, à part.—Si c'est pour cela qu'il m'a donné 2205
le passe-partout. . . .

LE NOTAIRE.—C'est que j'ai° deux contrats de mariage, monseigneur; ne confondons point: voici le vôtre, et
c'est ici celui du seigneur Bartholo, avec la señora.
. . . Rosine aussi?   Les demoiselles, apparemment, 2210
sont deux sœurs qui portent le même nom?

LE COMTE.—Signons toujours.   Don Bazile voudra
bien nous servir de second témoin.   (Ils signent.)

BAZILE.—Mais, votre Excellence . . . je ne comprends pas. . . .   2215

LE COMTE.—Mon maître Bazile, un rien vous embar-
rasse, et tout vous étonne.

BAZILE.—Monseigneur . . . mais si le docteur. . . .

LE COMTE, *lui jetant une bourse.*—Vous faites l'en-
2220 fant°! Signez donc vite.

BAZILE, *étonné.*—Ah! ah!

FIGARO.—Où donc est la difficulté de signer?

BAZILE, *pesant la bourse.*—Il n'y en a plus; mais
c'est que moi, quand j'ai donné ma parole une fois, il
2225 faut des motifs d'un grand poids. . . . (*Il signe.*)

Scène VIII

BARTHOLO, UN ALCADE°, DES ALGUAZILS°, DES VALETS
avec des flambeaux, et LES ACTEURS PRÉCÉDENTS.

BARTHOLO, *voit le comte baiser la main de Rosine, et
Figaro qui embrasse grotesquement don Bazile; il crie
en prenant le notaire à la gorge.*—Rosine avec ces fri-
pons! Arrêtez tout le monde. J'en tiens un au collet.

2230 LE NOTAIRE.—C'est votre notaire.

BAZILE.—C'est votre notaire. Vous moquez-vous?

BARTHOLO.—Ah! don Bazile, eh! comment êtes-vous
ici?

BAZILE.—Mais plutôt vous, comment n'y êtes-vous
2235 pas?

L'ALCADE, *montrant Figaro.*—Un moment; je connais celui-ci. Que viens-tu faire en cette maison, à des
heures indues?

FIGARO.—Heure indue? monsieur voit bien qu'il est
2240 aussi près du matin que du soir. D'ailleurs, je suis de
la compagnie de Son Excellence monseigneur le comte
Almaviva.

BARTHOLO.—Almaviva!

L'ALCADE.—Ce ne sont donc pas des voleurs?

2245 BARTHOLO.—Laissons cela.—Partout ailleurs, monsieur le comte, je suis le serviteur de Votre Excellence;

mais vous sentez que la supériorité du rang est ici sans
force. Ayez, s'il vous plaît, la bonté de vous retirer.

LE COMTE.—Oui, le rang doit être ici sans force;
mais ce qui en a beaucoup, est la préférence que made-2250
moiselle vient de m'accorder sur vous, en se donnant à
moi volontairement.

BARTHOLO.—Que dit-il, Rosine?

ROSINE.—Il dit vrai. D'où naît votre étonnement?
Ne devais-je pas, cette nuit même, être vengée d'un trom-2255
peur? Je le suis.

BAZILE.—Quand je vous disais que c'était le comte
lui-même, docteur?

BARTHOLO.—Que m'importe à moi? Plaisant mariage!
Où sont les témoins?   2260

LE NOTAIRE.—Il n'y manque rien. Je suis assisté
de ces deux messieurs.

BARTHOLO.—Comment, Bazile! . . . vous avez
signé?

BAZILE.—Que voulez-vous? Ce diable d'homme a 2265
toujours ses poches pleines d'arguments irrésistibles.

BARTHOLO.—Je me moque de ses arguments. J'userai
de mon autorité.

LE COMTE.—Vous l'avez perdue en en abusant.

BARTHOLO.—La demoiselle est mineure.   2270

FIGARO.—Elle vient de s'émanciper.

BARTHOLO.—Qui te parle à toi, maître fripon?

LE COMTE.—Mademoiselle est noble et belle; je suis
homme de qualité, jeune et riche; elle est ma femme:
à ce titre qui nous honore également, prétend-on me la 2275
disputer?

BARTHOLO.—Jamais on ne l'ôtera de mes mains.

LE COMTE.—Elle n'est plus en votre pouvoir. Je la
mets sous l'autorité des lois; et monsieur, que vous

2280 avez amené vous-même, la protégera contre la violence que vous voulez lui faire. Les vrais magistrats° sont les soutiens de tous ceux qu'on opprime.

L'ALCADE.— Certainement. Et cette inutile résistance au plus honorable mariage indique assez sa frayeur 2285 sur la mauvaise administration des biens de sa pupille, dont il faudra qu'il rende compte.

LE COMTE.—Ah! qu'il consente à tout, et je ne lui demande rien.

FIGARO.—Que la quittance de mes cent écus; ne 2290 perdons pas la tête.

BARTHOLO, *irrité.*—Ils étaient tous contre moi . . . je me suis fourré la tête dans un guêpier!

BAZILE.—Quel guêpier? Ne pouvant avoir la femme, calculez, docteur, que l'argent vous reste, eh oui, vous 2295 reste.

BARTHOLO.—Eh! laissez-moi donc en repos, Bazile! Vous ne songez qu'à l'argent. Je me soucie bien de l'argent, moi! A la bonne heure°, je le garde, mais croyez-vous que ce soit le motif qui me détermine? 2300 (*Il signe.*)

FIGARO, *riant.*—Ah! ah! ah! monseigneur, ils sont de la même famille°.

LE NOTAIRE.—Mais messieurs, je n'y comprends plus rien. Est-ce qu'elles ne sont pas deux demoiselles qui 2305 portent le même nom?

FIGARO.—Non, monsieur, elles ne sont qu'une.

BARTHOLO, *se désolant.*—Et moi qui leur ai enlevé l'échelle pour que le mariage fût plus sûr! Ah! je me suis perdu faute de soins.

2310 FIGARO.—Faute de sens. Mais soyons vrais°, docteur: quand la jeunesse et l'amour sont d'accord pour tromper un vieillard, tout ce qu'il fait pour l'empêcher peut bien s'appeler à bon droit *La Précaution Inutile.*

LETTRES

LETTRE À M. R * * *

Dans un bateau sur le Danube, auprès de Ratisbonne, le 15 août 1774.

Avant d'entrer en matière° avec moi, mon ami, je dois vous prévenir qu'étant dans un bateau sur lequel il y a six rameurs, en parcourant un fleuve rapide qui m'entraîne, la secousse de chaque coup d'aviron imprime à mon corps et surtout à mon bras un mouvement composé qui dérange ma plume, et donnera dans le moment à mon écriture le caractère tremblant et peu assuré que vous allez lui trouver; car j'ai fait cesser de ramer pour écrire cet exorde, afin que sa dissemblance à ce qui va suivre puisse vous convaincre que le vice de mon écriture vient d'une cause étrangère, et non d'aucun désordre intérieur causé par mes souffrances.

Ceci posé, *tâchez de me lire, et tenez-vous bien.*

Ma situation me rappelle l'état où se trouva, dans les mêmes lieux, un philosophe dont vous et moi admirons le génie. Descartes raconte que, descendant le Danube dans une barque, et lisant tranquillement assis sur la pointe, il ouït distinctement les mariniers, qui ne supposaient pas qu'il entendît l'allemand, projeter de l'assassiner. Il rassura, dit-il, sa contenance°, examina si ses armes étaient en bon état, en un mot fit si bonne mine, que jamais ces gens, dont il suivait tous les mouvements, n'osèrent exécuter leur mauvais dessein.

107

Moi qui n'ai pas à un si haut degré que lui la perfec-
tion de la philosophie, mais qui me pique aussi de
méthode et de courage dans mes actions, je me trouve 30
dans un bateau du Danube, ne pouvant absolument
souffrir le mouvement de ma chaise de poste, parce
qu'on a osé exécuter hier sur moi ce qu'on n'osa le
siècle passé entreprendre sur lui.

Hier donc, sur les trois heures après midi, auprès de 35
Neuschtat, à quelque cinq lieues de Nuremberg, passant
en chaise avec un seul postillon et mon domestique anglais
dans une forêt de sapins assez claire, je suis descendu, et
ma chaise a continué de marcher au pas, comme cela
était arrivé toutes les fois que j'étais descendu.   Après 40
une courte pause, j'allais me remettre en marche pour
la rejoindre, lorsqu'un homme à cheval, me coupant le
chemin, saute à terre et vient au-devant de moi; il me dit
quelques mots allemands, que je n'entends point; mais
comme il avait un long couteau ou poignard à la main, 45
j'ai bien jugé qu'il en voulait à ma bourse ou à mes jours.
J'ai fouillé dans mon gousset de devant, ce qui lui a fait
croire que je l'avais entendu, et qu'il était déja maître
de mon or: il était seul; au lieu de ma bourse, j'ai tiré
mon pistolet que je lui ai présenté sans parler, élevant 50
ma canne de l'autre main pour parer un coup, s'il
essayait de m'en porter; puis reculant contre un gros
sapin et le tournant lestement, j'ai mis l'arbre entre
lui et moi.   Là, ne le craignant plus, j'ai regardé si
mon pistolet était amorcé; cette contenance assurée 55
l'a en effet arrêté tout court.   J'avais déjà gagné à
reculons un second et un troisième sapin, toujours les
tournant à mesure que j'y arrivais, la canne levée d'une

main et le pistolet de l'autre, ajusté sur lui. Je faisais
60 une manœuvre assez sûre, ce qui bientôt allait me
remettre dans ma route, lorsque la voix d'un homme
m'a forcé de tourner la tête: c'était un grand coquin
en veste bleue sans manches, portant son habit sur son
bras, qui accourait vers moi par-derrière. Le danger
65 croissant m'a fait me recueillir rapidement: j'ai pensé
que, le péril étant plus grand de me laisser prendre
par-derrière, je devais revenir au-devant de l'arbre et
me défaire de l'homme au poignard, pour marcher
ensuite à l'autre brigand; tout cela s'est agité, s'est
70 exécuté comme un éclair. Courant donc au premier
voleur jusqu'à la longueur de ma canne, j'ai fait sur lui
feu de mon pistolet, qui misérablement n'a point parti;
j'étais perdu: l'homme sentant son avantage s'est
avancé sur moi; je parais pourtant de ma canne en
75 reculant à mon arbre et cherchant mon autre pistolet
dans mon gousset gauche, lorsque le second voleur
m'ayant joint par-derrière, malgré que je fusse adossé
au sapin, m'a saisi par une épaule et m'a renversé en
arrière: le premier alors m'a frappé de son long couteau
80 de toute sa force au milieu de la poitrine. C'était fait°
de moi; mais pour vous donner une juste idée de la
combinaison d'incidents à qui je dois, mon ami, la joie
de pouvoir encore vous écrire, il faut que vous sachiez
que je porte sur ma poitrine une boîte d'or ovale, assez
85 grande et très-plate, en forme de lentille, suspendue à
mon cou par une chaînette d'or; boîte que j'ai fait faire
à Londres, et renfermant un papier si précieux° pour
moi, que sans lui je ne voyagerais pas. En passant à
Francfort, j'avais fait ajuster à cette boîte un sachet

de soie, parce que, quand j'avais fort chaud, si le métal 90
touchait subitement ma peau, cela me saisissait un peu.

Or, par un hasard, ou plutôt par un bonheur qui ne
m'abandonne jamais au milieu des plus grands maux,
le coup de poignard violemment assené sur ma poitrine
a frappé sur cette boîte, qui est assez large, au moment 95
qu'attiré du côté de l'arbre par l'effort du second brigand qui me fit perdre pied je tombais à la renverse.
Tout cela combiné fait qu'au lieu de me crever le
cœur le couteau a glissé sur le métal, en coupant le
sachet, enfonçant la boîte et la sillonnant profondé- 100
ment: puis m'éraflant la haute poitrine, il m'est
venu percer le menton en dessous, et sortir par le
bas de ma joue droite. Si j'eusse perdu la tête en
cet extrême péril, il est certain, mon ami, que j'aurais
aussi perdu la vie. *Je ne suis pas mort*, dis-je en me 105
relevant avec force; et voyant que l'homme qui m'avait
frappé était le seul armé, je m'élance sur lui comme
un tigre, à tous risques; et saisissant son poignet, je
veux lui arracher son long couteau qu'il retire avec
force, ce qui me coupe jusqu'à l'os toute la paume de 110
la main gauche, dans la partie charnue du pouce. Mais
l'effort qu'il fait en retirant son bras, joint à celui que
je faisais moi-même en avant sur lui, le renverse à son
tour: un grand coup de talon de ma botte, appuyé sur
son poignet, lui fait lâcher le poignard que je ramasse, 115
en lui sautant à deux genoux sur l'estomac. Le second
bandit, plus lâche encore que le premier, me voyant
prêt à tuer son camarade, au lieu de le secourir saute
sur le cheval qui passait à dix pas, et s'enfuit à toutes
jambes. Le misérable que je tenais sous moi, et que 120

j'aveuglais par le sang qui me ruisselait du visage, se
voyant abandonné, a fait un effort qui l'a retourné à
l'instant où j'allais le frapper; et se relevant à deux
genoux, les mains jointes, il m'a crié lamentablement:
125 *Monsier! mon omi!* et beaucoup de mots allemands
par lesquels j'ai compris qu'il me demandait la vie.
Infâme scélérat! ai-je dit; et mon premier mouvement
se prolongeant, j'allais le tuer. Un second opposé,
mais très-rapide, m'a fait penser qu'égorger un homme
130 à genoux, les mains jointes, était une espèce d'assas-
sinat, une lâcheté indigne d'un homme d'honneur.
Cependant, pour qu'il s'en souvînt bien, je voulais au
moins le blesser grièvement; il s'est prosterné en
criant: *Mein Gott!* (Mon Dieu!)
135 Tâchez de suivre mon âme à travers tous ces mouvements aussi prompts qu'opposés, mon ami; et vous
parviendrez peut-être à concevoir comment, du plus
grand danger dont j'aie jamais eu à me garantir, je suis
en un clin d'œil devenu assez osé pour espérer lier les
140 mains derrière le dos à cet homme, et l'amener ainsi
garrotté jusqu'à ma chaise: tout cela ne fut qu'un
éclair. Ma résolution ainsi arrêtée, d'un seul coup je
coupai promptement sa forte ceinture de chamois par-
derrière, avec son couteau que je tenais dans ma main
145 droite, acte que sa prosternation rendait très-facile.
Mais comme j'y mettais autant de violence que de
vitesse, je l'ai fort blessé aux reins, ce qui lui a fait
jeter un grand cri en se relevant sur ses genoux et
joignant de nouveau les mains. Malgré la douleur
150 excessive que je ressentais au visage, et surtout à la
main gauche, je suis convaincu que je l'aurais entraîné,

car il n'a fait aucune résistance, lorsque ayant tiré mon
mouchoir, et jeté à trente pas le couteau qui me gênait
parce que j'avais mon second pistolet dans la main
gauche, je me disposais à l'attacher; mais cet espoir 155
n'a pas été long: j'ai vu revenir de loin l'autre bandit
accompagné de quelques scélérats de son espèce; il a
fallu de nouveau m'occuper de ma sûreté.   J'avoue
qu'alors j'ai senti la faute que j'avais faite de jeter le
couteau; j'aurais tué l'homme sans scrupule en ce 160
moment, et c'était un ennemi de moins.   Mais ne
voulant pas vider mon second pistolet, le seul porte-
respect qui me restât contre ceux qui venaient à moi,
car ma canne était tout au plus défensive, dans la
fureur qui m'a saisi de nouveau, j'ai violemment frappé 165
la bouche de cet homme agenouillé du bout de mon
pistolet, ce qui lui a enfoncé la mâchoire et cassé quelques dents de devant qui l'ont fait saigner comme un
bœuf; il s'est cru mort et est tombé.   Dans ce moment,
le postillon, inquiet de mon retard, et me croyant égaré, 170
était entré dans le bois pour me chercher.   Il a sonné
du petit cor que les postillons allemands portent tous
en bandoulière; ce bruit et sa vue ont suspendu la
course des scélérats, et m'ont donné le temps de me
retirer, la canne élevée et mon pistolet en avant, sans 175
avoir été volé.   Quand ils m'ont senti sur le chemin,
ils se sont dispersés, et mon laquais a vu, ainsi que le
postillon, passer auprès d'eux et de ma chaise, en
traversant la route avec vitesse, le coquin à la veste
bleue sans manches, ayant son habit sur son bras; 180
c'était celui qui m'avait renversé: peut-être espérait-il
fouiller ma voiture après avoir manqué mes poches.

Mon premier soin, quand je me suis vu en sûreté et
à portée de ma chaise, a été de laver mes plaies. Celle
185 de la haute poitrine s'est trouvée n'être qu'une éraflure.

Celle du menton, très-profonde, se fût certainement
prolongée jusque dans la cervelle si le coup eût porté
droit, et si la position renversée où j'étais en le recevant
n'eût fait glisser le couteau sur l'os de la mâchoire
190 inférieure.

La blessure de ma main gauche, plus douloureuse
encore à cause du mouvement habituel de cette partie,
s'enfonce dans le gras intérieur du pouce et va jusqu'à
l'os. Mon laquais effrayé me demandait pourquoi je
195 n'avais pas appelé mais indépendamment que ma chaise,
qui avait toujours marché, se trouvait beaucoup trop
loin pour m'en faire entendre en criant, c'était ce que
je n'avais garde de faire, sachant bien que rien ne
détruit la force comme de la consumer en de vaines
200 exclamations. Le silence et le recueillement sont les
sauvegardes du courage, qui à son tour est la sauvegarde
de la vie en ces grandes occasions. *Imbécile!* lui ai-je
dit, *fallait-il aller aussi loin et me laisser assassiner!*

Je me suis fait promptement conduire à Nuremberg,
205 où l'on m'a appris que quelques jours auparavant les
mêmes voleurs, en ce même endroit, avaient arrêté le
chariot de poste et avaient détroussé de quarante mille
florins divers voyageurs.

J'ai donné le signalement des hommes, du cheval, et
210 l'on a mis sur-le-champ de nouveaux soldats en campagne pour les arrêter.

De l'eau et de l'eau-de-vie ont été mon pansement;
mais mon plus grand mal est une douleur si aiguë dans

le creux de l'estomac, chaque fois que le diaphragme
se soulève pour l'aspiration, que cela me plie en deux 215
à tout moment. Il faut qu'en ce débat j'aie reçu quelque grand coup dans cet endroit, que je n'ai pas senti
d'abord.

En examinant depuis de sang-froid l'état des choses,
j'ai vu que la double étoffe du sachet et la bourre par- 220
fumée qu'il renferme, coupées par l'effort du coup
porté dans ma poitrine, l'ont beaucoup amorti. La
boîte d'or, en le recevant, a fait ressort comme une
lame de fer-blanc; et le coup, assené de bas en haut,
parce que je tombais à la renverse, n'a fait que glisser 225
dessus, ce qui n'empêche pas qu'elle soit enfoncée,
crevée et fort sillonnée par la pointe du poignard.

Cette circonstance d'une boîte qui paraît destinée à
contenir un portrait, quoiqu'un peu grande, et qui m'a
sauvé la vie, a tellement frappé les honnêtes personnes 230
de Nuremberg, qu'elles ne pouvaient se lasser d'examiner la boîte et le sachet; tous voulaient en conséquence
que je fisse dire un grand office à la sainte Vierge, en
reconnaissance de ce bonheur. Et moi, les laissant
dans leur erreur, je leur ai fait remarquer en riant qu'il 235
y aurait une contradiction manifeste et même indécente
d'aller remercier la Vierge parce que la boîte à portrait
d'une femme m'avait garanti de la mort. Ils n'ont
point manqué, comme bien pensez, de dire à cela que
j'étais un drôle de corps. Je suis de leur avis; mais 240
on a beau jeu de rire⁰ quand on se voit sur ses pieds
après une aussi diabolique aventure.

Si mon étouffement continue, je me ferai saigner ce
soir à Ratisbonne, où l'on m'a dit que je trouverais

245 encore plus de secours qu'à Nuremberg. Désormais il
faudra changer mon appellation, et, au lieu de dire
B . . . le blâmé, l'on me nommera B . . . le balafré.
Balafre, mes amis, qui ne laissera pas de nuire à mes
succès! Mais qu'y faire? ne faut-il pas que tout finisse?
250 Faites avec moi quelques réflexions philosophiques
sur ma bizarre destinée, il y a beau champ pour cela.
Qu'est-ce donc que le sort me garde? car quoiqu'il
fît bien chaud à la barre[□] du palais, il faisait encore
de quelques degrés plus chaud dans la sapinière de
255 Neuschtat.

Cependant je suis sur mes pieds; tout n'est donc pas
dit pour moi.

Songez, mon ami, que je suis vivant, et vous con-
cevrez comment les choses mêmes qui paraissent si
260 simples aux autres hommes, qu'ils ne prennent pas
seulement la peine d'y réfléchir, sont presque toujours
pour moi la source d'une foule de sensations agréables.
Je serai donc joyeux désormais toutes les fois que je me
souviendrai que je suis en vie, car vous m'avouerez
265 que ce serait une grande platitude que d'aller mourir
de cette sotte oppression d'estomac qui me reste après
m'être relevé vivant, quoique assassiné par deux
scélérats. Me croyez-vous capable d'une pareille
ineptie? Oh que non! vous avez trop bonne opinion
270 de moi pour me supposer en danger. Je vais bien me
reposer et me soigner avant de me remettre en route
pour la France; mes affaires sont terminées, mais j'ai
l'air d'un masque avec ma balafre, mes béguins, ma
main pote[□] et enveloppée. Ajoutez que je grimace
275 comme un supplicié toutes les fois que j'aspire; ce qui

compose environ quarante grimaces par minute, et ne saurait manquer de m'enlaidir encore un peu davantage; et voyez quel joli homme je suis.

Au milieu de tout cela, je ne puis m'empêcher de sourire de la mine bassement ridicule que fait un lâche 280 coquin pris sur le temps°, et forcé de demander quartier. Mais quand ce spectacle a frappé mes yeux, alors il n'était pas saison de rire; aussi ne riais-je pas! Je voyais seulement quel extrême avantage a l'homme de sang-froid sur ceux qui le perdent. Voilà ce que j'ai 285 étudié toute ma vie; voilà ce à quoi j'ai rompu· mon âme trop bouillante, à force de l'exercer sur les contra- dictions°.

Il n'y a plus que les petites colères qui me rendent mauvais joueur; les grandes me trouvent toujours assez 290 armé. Il faut pourtant que la nature souffre en moi de cet effort, puisqu'elle ne s'en donne la peine que dans les occasions majeures, et me laisse tout entier à mon vice radical sur les coups d'épingle; et voilà cer- tainement pourquoi je suis deux hommes, fort dans la 295 force, enfant et musard tout le reste du temps.

Cet accident a fait tant d'éclat dans le pays, qu'il se peut très-bien que quelques gazettes en parlent. Mais comme elles ne diront apparemment le fait qu'en abrégé, je profite du loisir d'une route tranquille, sur 300 un très-beau fleuve, dont le cours sinueux, changeant à tout moment l'aspect des rivages, réjouit ma vue, et met assez de calme dans mes idées pour que je puisse vous faire ce détail. S'il est un peu décousu, vous serez indulgent, lorsque vous penserez que j'étouffe en 305 respirant, et que tout le corps me fait mal, sans compter

les élancements de mes blessures, qui ne m'auraient
pas permis de soutenir plus long-temps le cahotement
de la poste, ce qui m'a fait gagner le Danube par le plus
310 court chemin.

La fièvre m'avait pris en quittant les terres de Prusse
pour entrer dans l'électorat de Trèves et Cologne; car
toute la route depuis Nimègue, où finit la Hollande, à
travers le duché de Clèves, est si affreuse, que la fatigue
315 seule m'avait rendu malade. Quand le roi de Prusse,
disent les habitants, n'aura plus rien à nous prendre, il
ne nous prendra plus rien. Aussi tout ce pays est-il
déplorable. Le Salomon du Nord°, il faut l'avouer,
aime un peu beaucoup l'argent, et en général a plus
320 de qualités que de vertus: aussi sera-t-il rangé dans la
classe des conquérants par l'histoire, et non dans celle
des rois.

Je me serais fait saigner à Francfort, comme c'était
mon projet, si je l'avais pu sans me trop arrêter; mais
325 n'y pouvant rester à cause des affaires pressées qui
m'appelaient ailleurs, on ne m'a pas conseillé d'ouvrir
ma veine en courant.

Et voyez comme tout est pour le mieux! Si j'avais
affaibli ce jour-là mon corps par la saignée dans une
330 ville impériale, où aurais-je pris l'audace et l'ardeur
fiévreuse qui m'ont tiré d'affaire le lendemain dans
une forêt de sapins? Réellement, mon ami, je devien-
drai panglossiste°: je sens que tout m'y porte. Si
l'optimisme est une chimère, il faut avouer qu'il n'en
335 est pas de plus consolante et de plus gaie. Je m'y
tiens.

Vous entendez bien que je n'écris point ces horribles

détails aux femmes qui prennent à moi quelque intérêt:
outre qu'il est trop long, telle d'entre elles mourrait
de frayeur avant la troisième page; et peut-être ne vous 340
l'aurais-je pas écrit à vous-même, si je n'avais craint
tout ce que vos conjectures pourraient avoir de funeste
en voyant dans quelque gazette étrangère:

"Les lettres de Nuremberg portent que des voleurs,
qui avaient détroussé le chariot de poste il y a quelques 345
jours, ont arrêté le 14 août un gentilhomme français
nommé M. de Ronac, et l'ont dangereusement blessé,
quoiqu'ils n'aient pu ni le voler ni le tuer."

Allez donc, mon ami, dans tous les domiciles mâles
et femelles de ma connaissance; et après avoir com- 350
mencé par assurer que je suis bien en vie, lisez ce que
vous voudrez de ma lettre, en accompagnant votre lecture de toutes les réflexions consolantes que mon bonheur
doit vous suggérer.

Je puis être dans trois semaines à Paris (car je ne 355
doute point que je n'y retourne encore); un étouffement ne tue pas un homme de ma vigueur. Pour mes
blessures, je dis comme *le S. Germier: La chair, la
peau, tout cela revient gratis.* Adieu, mon ami.

Quand vous me reverrez, vous direz tout comme les 360
paysans des villes où je passe, et qui ont appris mon
aventure par les postillons de Nuremberg, partis avant
moi.

Ils s'attroupent autour de ma chaise, et mon laquais
me traduit qu'ils disent: *Viens donc voir; voilà ce 365
monsieur français qui a été tué dans le bois de Neuschtat.* Je ris, et ils ouvrent de grandes bouches
d'admiration de voir le monsieur tué qui rit. Mais je

parle d'hier, car aujourd'hui je suis sur le Danube; je
370 n'offre plus rien à la curiosité des paysans.

J'ai excessivement à me louer de la compassion em-
pressée de tout ce qui m'a vu à Nuremberg, et de la
vivacité avec laquelle on s'est mis en quête des brigands. M. le baron de Loffelholz, bourgmestre de la
375 ville; M. de Welz, conseiller aulique°, administrateur
des postes; M. Charles de Felzer, officier des postes, fils
d'un médecin de l'impératrice à Vienne; sa femme; M.
le baron de Genski, Polonais, et logé dans mon auberge;
l'honnête Conud-Gimberd, mon aubergiste, et sa
380 famille: je nomme tous ces honnêtes gens avec joie,
toujours ravi quand je rencontre quelque part les
hommes ainsi qu'ils devraient être partout. J'écrivais
un jour d'Ostende à M. le prince de Conti, en lui
faisant le détail de tout ce qui me frappait dans ce
385 port, que si je m'étais un peu brouillé avec les hommes
à la barre du parlement de Paris, je m'étais bien
raccommodé avec eux à la barre du port d'Ostende.
Ici c'est la même chose pour moi: j'ai repris pour les
hommes, à Nuremberg, l'amour qui m'avait un peu
390 quitté à Neuschtat.

Bonjour, mon ami. Quoique j'aie haché cette lettre
à dix reprises, ce qui ne la fera pas briller par la com-
position, je suis las d'écrire, las d'être assis, las d'être
malade, las d'être en route, et réellement un peu bien
395 las de voir sans cesse ma chère paresse contrariée et
gourmandée par une succession rapide d'événements si
actifs qu'ils m'en font perdre haleine. Il y a long-
temps que tous mes amis ont dit avec moi que quand
j'aurais rattrapé ma tranquillité, j'aurais bien gagné le

repos après lequel je cours. Où diable est-il donc fourré? 400
Je l'ignore. Enfin las d'être tourmenté, je pourrai
bien quelque jour jeter mon bonnet en l'air de tous les
incidents de la vie, et dire aux autres: En voilà assez
pour moi, tâchez de mieux faire, et c'est ce que je vous
souhaite. Bonjour, mon ami.   405

À M. GUDIN

Dans mon bateau, le 16 août 1774.

Prenez votre carte d'Allemagne, mon cher bon ami;
parcourez le Danube, de la forêt Noire à l'Euxin, plus
bas que Ratisbonne, après même la réunion de l'Inn au
5 Danube à Passaw, en descendant vers Lintz, où commence à peu près l'archiduché d'Autriche: voyez-vous
sur le fleuve, entre deux hautes montagnes qui le
resserrent et le rendent plus rapide, une frêle barque à
six rameurs, sur laquelle une chaise embarquée contient
10 un homme la tête et la main gauche enveloppées de
linges sanglants, qui écrit malgré une pluie diluviale et
un étouffement intérieur tout-à-fait incommode, mais
un peu diminué ce matin par le rejettement de
quelques caillots de sang qui l'ont fort soulagé? *ecce*
15 *homo*. Encore quelques efforts de la nature bienfaisante
qui travaille de toutes ses forces à repousser l'ennemi
intérieur, et je pourrai compter sur quelque chose. En
vous parlant ainsi, je vous suppose instruit, cher ami,
par R . . . , à qui j'ai écrit hier et envoyé ce matin le
20 détail exact de mon accident; je suppose encore que
vous conceviez que l'homme de la barque est votre
pauvre ami, qui écrit difficilement à cause de l'ébranle-
ment successif de chaque coup d'aviron.

Mais que faire en un gîte, à moins que l'on ne songe?

25 dit notre ami La Fontaine en nous contant l'histoire de
son lièvre[²]. Et moi je dis: Que faire en une barque, à

moins que l'on n'écrive? On peut lire, répondrez-vous.
Je le sais, mais la lecture isole et l'écriture console; la
réflexion est austère et l'entretien est doux, avec son
ami, bien entendu. Il faut donc que je vous dise ce 30
qui m'occupe depuis deux jours.

J'ai réfléchi; je me suis convaincu qu'en tout, le mal
n'est jamais si grand que l'homme, exagérateur de sa
nature, le représente ou le peint aux autres. J'ai
éprouvé maintenant, tant au moral qu'au physique, à 35
peu près les plus grands maux qui puissent atteindre
un homme. C'est un spectacle sans doute bien
effrayant pour vous, que votre ami renversé par des
brigands, et frappé d'un poignard meurtrier: mais
réellement, mon ami, croyez-moi, au moment qu'il 40
arrive, c'est assez peu de chose que ce mal. Occupé
de la défense, et même de rendre à l'ennemi tout le
mal qu'il me faisait, je vous jure que ce qui m'affectait
le moins alors était la douleur physique; à peine la
sentais-je, et la colère était bien sûrement mon affec- 45
tion dominante. La frayeur, qui n'est qu'un mauvais
et faux aspect de l'état des choses, est ce qui tue l'âme
et rend le corps débile. L'événement aperçu sous son
vrai point de vue, au contraire, exalte l'une et renforce
l'autre. Un homme ose m'attaquer, il ose troubler la 50
tranquillité de ma marche, c'est un insolent qu'il faut
punir: il en arrive un autre, il importe alors de changer
l'offensive en défensive; il y a bien là de quoi occuper
l'âme tout entière. Si dans ce débat violent l'un des
deux me perce, et que je succombe, alors, mon ami, 55
l'excès du mal même fait cesser le mal; et tout cela est
bien prompt. Personne ne sait mieux que moi qu'un

homme d'honneur attaqué est plus fort que deux
lâches assassins à qui l'aspect du courage resserre le
60 cœur et fait trembler le bras; car ils savent bien que
toutes les chances sont contre eux. D'ailleurs un
grand bien dans le mal est l'improviste. On n'a pas
le temps d'avoir peur quand le danger surprend: voilà
souvent d'où naît la force d'un poltron révolté. Si
65 vous y ajoutez l'impossibilité absolue de se sauver par
la fuite, le plus lâche des hommes peut à l'instant en
devenir le plus brave. Héroïsme à part, je vous peins
la nature telle qu'elle est. Nous reprendrons ceci dans
un moment, car je suis au port de Lintz. Deux pâtres
70 y sont descendus avec deux clarinettes dont ils jouent
fort bien; et l'espoir de quelques *craitches*�口, d'un demi-
florin, les fait tenir auprès de mon bateau malgré la
pluie. Vous connaissez mon goût pour la musique; me
voilà tout gai: il me semble en général que mon âme
75 s'affecte plus vivement du bien que du mal, et j'en sais
la raison: le dernier, mettant les nerfs dans un tiraille-
ment convulsif, dans une tension surnaturelle, détruit
leur souplesse et cette douce mollesse qui les rend si
sensibles au chatouillement du plaisir: on s'arme con-
80 tre le mal; en s'irritant, on le sent moins: au lieu qu'on
se livre à la volupté, on lui prête, en cédant, une force
qui est moins en elle que dans l'agréable faiblesse où
l'on tombe avec tant de plaisir.

Maintenant que j'ai donné le demi-florin, entendez-
85 vous deux cors qui se joignent aux clarinettes? Réellement ils jouent à faire le plus grand plaisir: et dans
ce moment-ci je suis à mille lieues des voleurs, des
poignards, des forêts, des parlements, en un mot de

tous les méchants, qui sont bien plus malheureux que
moi, qu'ils ont tant persécuté; car ils avaient tort! 90

Autre persécution! On vient me visiter et voir si je
n'ai rien non-seulement dans ma valise, mais même
dans mon portefeuille, contre les ordres de l'impératrice.
Le plus plaisant est que ceux qui visitent mes papiers
n'entendent pas le français: vous jugez quelle belle 95
inquisition cela doit faire! Encore un florin, voilà à
quoi cela aboutit, et à de grands hélas! Il est clair
que je voyage dans un pays civilisé; car partout on me
plaint et l'on me demande de l'argent.... Je suis
reparti; la pluie a cessé. Du sommet à la base des 100
montagnes, les différentes nuances des sapins obscurs,
des ormes moins foncés et de la douce verdure des prés,
ce beau canal qui m'entraîne au milieu de deux croupes
élevées dont la culture a relégué les forêts à la cime,
font un spectacle ravissant; et si je n'étouffais pas (ce 105
que je tâche d'oublier), j'en jouirais bien dans toute la
pureté d'une si douce situation. Que nos peintres
viennent nous dire que la nature offre toujours à l'œil
trois plans qui sont le principe de l'art optique de leurs
tableaux; moi, je leur soutiens que j'en vois quatre à 110
cinq mille tous dégradant à l'infini: je n'ai pourtant
pas l'œil aussi exercé qu'eux sur ces différences.

Mon Dieu! que je souffre! Figurez-vous qu'un
chatouillement affadissant° me monte au cœur et me fait
tousser. L'effort de la toux sépare les lèvres de la 115
blessure de mon menton, qui saigne et me fait grand
mal.

Mais que les hommes sont diaboliques! Mettre la vie
d'un autre homme en mesure avec quelques ducats!

120 car voilà tout ce que ces gens voulaient de moi. Si l'on osait dans ces occasions faire un traité de bonne foi, l'on pourrait dire aux brigands: "Messieurs, vous faites un métier si dangereux, qu'il faut bien qu'il vous profite. A combien évaluez-vous le risque de la corde 125 ou de la roue, dans votre commerce? De mon côté, je dois évaluer celui d'un coup de poignard dans votre rencontre." On pourrait ainsi former un tarif suivant le temps, les lieux et les personnes.

N'admirez-vous pas, mon ami, combien je me laisse 130 aller au vague de mes idées? Je ne me donne la peine ni de les trier, ni de les soigner; cela me fatiguerait, et je ne vous écris que pour faire diversion à mes souffrances, qui sont en vérité plus grandes qu'il ne convient souvent à mon courage. Cependant je ne suis 135 pas aussi à plaindre que vous pourriez le penser; je suis vivant quand je devrais être mort: voilà un puissant contre-poids à la violence du mal. Si j'étais bien certain que le bonheur de penser restât au moins à qui la mort enlève celui de sentir, j'avoue que j'aimerais 140 mieux être mort que de souffrir comme je fais, tant je hais la douleur. Mais imaginer que la mort peut nous tout ôter, ma foi il n'y a pas moyen de la prendre à gré. Il vaut mieux vivre en souffrant que de ne plus souffrir en cessant d'exister.

145 Lorsque les plus horribles pronostics faisaient frémir mes amis, la veille de ce fatal jugement à Paris, alors je voyais les choses différemment. Cesser d'être me paraissait préférable à ce qui me menaçait, et ma tranquillité ne se fondait que sur la certitude d'échapper à 150 tout en ouvrant cette poitrine que je vois avec tant de

joie aujourd'hui sauvée aux dépens de ma boîte à
papiers, de mon visage et de ma main gauche. Tout
calculé, je crois que pour l'homme isolé le mal physique
est le plus grand qui puisse l'assaillir; mais que pour
l'homme en société, le mal moral a quelque chose encore 155
de plus poignant.

Mettons tout au pis. A la rigueur je peux mourir
de cet étouffement; il peut se former un dépôt dans
l'estomac, parce qu'il est né d'une violente commotion
dans le fort du débat. Mais suis-je donc insatiable? 160
Quelle carrière est plus pleine que la mienne dans le
mal et dans le bien? Si le temps se mesure par les
événements qui le remplissent, j'ai vécu deux cents
ans. Je ne suis pas las de la vie; mais je puis en
laisser la jouissance à d'autres sans désespoir. J'ai aimé 165
les femmes avec passion; cette sensibilité a été la
source des plus grandes délices. Forcé de vivre au
milieu des hommes, cette nécessité m'a causé des maux
sans nombre. Mais si l'on me demandait lequel a
prévalu chez moi, du bien ou du mal, je dirais sans 170
hésiter que c'est le premier; et certes le moment n'est
pas heureux pour agiter la question de cette préférence,
cependant je n'hésite pas.

Je me suis bien étudié tout le temps qu'a duré l'acte
tragique du bois de Neuschtat ou Airschtadt. A 175
l'arrivée du premier brigand, j'ai senti battre mon
cœur avec force. Sitôt que j'ai eu mis le premier sapin
devant moi, il m'a pris comme un mouvement de joie,
de gaieté même, de voir la mine embarrassée de mon
voleur. Au second sapin que j'ai tourné, me voyant 180
presque dans ma route, je me suis trouvé si insolent,

que, si j'avais eu une troisième main, je lui aurais
montré ma bourse comme le prix de sa valeur, s'il était
assez osé pour la venir chercher.   En voyant accourir
185 le second bandit, un froid subit a concentré mes forces,
et je crois bien que j'ai plus pensé dans le court espace
de cet instant, qu'on ne le fait ordinairement en une
demi-heure.   Tout ce que j'ai senti, prévu, agité,
exécuté en un quart de minute, ne se conçoit pas.
190 Réellement les hommes n'ont pas une idée juste de
leurs vraies facultés, ou bien il en naît de surnaturelles
dans les instants pressants.   Mais quand mon misérable
pistolet a raté sur le premier voleur, ah! mon cœur
s'est roulé comme sur lui-même pour se faire petit; il
195 sentait d'avance le coup qu'il allait recevoir: je crois
que ce mouvement peut être justement appelé frayeur,
mais c'est le seul que j'aie éprouvé; car lorsque
renversé, frappé, manqué, je me suis vu vivant, il m'a
monté au cœur un feu, une force, une audace
200 supérieure.   Sur mon Dieu, je me suis vu vainqueur, et
tout ce que j'ai fait de là en avant n'a plus été que
l'effet d'une exaltation fumeuse qui m'a tellement
masqué le danger, qu'il était absolument nul pour moi.
A peine ai-je senti couper ma main: j'étais féroce, et
205 plus avide du sang de mon adversaire qu'il ne l'avait
été de mon argent.   C'était un délice pour moi de
sentir que j'allais le tuer.   La fuite de son camarade a
pu seule lui sauver la vie: mais la diminution du péril
m'a bientôt rendu à moi-meme; et j'ai senti toute
210 l'horreur de l'action que j'allais commettre, sitôt que
j'ai vu que je la pouvais commettre impunément.
Lorsque je réfléchis que mon second mouvement a été

de le blesser au moins, je juge que je n'étais pas encore
de sang-froid; car cette seconde idée me semble mille
fois plus atroce que la première.   Mais, mon ami, 215
l'inspiration à jamais glorieuse à mes yeux, est la noble
audace avec laquelle j'ai pu changer le lâche projet de
tuer un homme sans défense en celui d'en faire mon
prisonnier; si j'en suis un peu vain dans ce moment-ci,
je l'étais mille fois davantage dans ce moment-là. 220
C'est dans la première joie de me trouver si supérieur
au ressentiment personnel, que j'ai jeté au loin le
couteau; car j'ai infiniment regretté d'avoir blessé cet
homme aux reins en coupant sa ceinture, quoique je ne
l'eusse fait que par maladresse.   Il entrait aussi dans 225
tout cela je ne sais quel orgueil de l'honneur qu'allait
me faire à Nuremberg l'arrivée d'un homme outrageuse-
ment blessé, livrant à la vindicte publique un de ses
agresseurs garrotté.   Ce n'est pas là ce qu'il y a de
plus vraiment noble dans mon affaire! mais il faut être 230
de bon compte, je ne valais pas mieux que cela alors□.
Et je crois bien que c'est la rage de voir ce triomphe
insensé m'échapper, qui m'a fait brutalement casser la
mâchoire à ce malheureux, lorsque ses camarades sont
accourus pour me l'arracher; car il n'y a pas le sens 235
commun à cette action: ce n'est là qu'un dépit d'enfant, qu'un jeu de la plus misérable vanité.   Tout le
reste a été froid et physique.

Voilà, mon ami, mon aveu entier, et le plus franc que
je puisse faire.   Je me confesse à vous, mon cher 240
Gudin, donnez-moi l'absolution.

Si tout ceci tournait mal, vous savez, mon ami, combien vous avez de gens à consoler: d'abord vous, car

vous perdriez un homme qui vous aime bien; ensuite les
245 femmes: pour les hommes, mon père excepté, ils ont
en général beaucoup de force contre ces sortes de
pertes.

Mais si je rattrape ma santé, écoutez donc, mon ami,
je ne vous dis pas alors de brûler cette lettre, je vous
250 ordonne de me la remettre: on ne laisse pas traîner son
examen de conscience.

Adieu; je suis las d'écrire, et même de penser. Je
vais me mettre à végéter, si je puis; cela vaut mieux
pour des blessures que d'écrire, quelque vaguement
255 qu'on laisse aller sa plume. Sachez cependant, mon
ami, que je n'ai plus d'autre affaire que celle de me
rétablir. J'ai terminé à ma satisfaction tous les objets
de mon voyage. Il n'y a pas à me répondre; car
j'arrêterai maintenant le moins que je pourrai.
260 Puissé-je vous embrasser encore une fois joyeusement!

                                        Le 16 au soir.
Mon bon ami, tant qu'on ne trouve point de poste, et
qu'il reste du papier, la lettre n'est point finie. J'ai
dormi, et rêvé qu'on m'assassinait. Je me suis
265 réveillé dans une crise mortelle. Mais que c'est une
chose agréable que de vomir de gros et longs caillots de
sang dans le Danube! Combien la sueur chaude qui
mouillait mon visage glacé est apaisée! Comme je
respire librement! Forcé d'essuyer mes yeux, dont
270 l'effort a exprimé quelques larmes, comme ma vision est
nette! Les montagnes les plus hérissées sont couvertes
de vignes des deux côtés du fleuve. Tout ce que je
vois est un tour de force en culture. La pente est si

raide, qu'il a fallu tailler les montagnes en escalier, et
flanquer chaque gradin d'un petit mur pour empêcher 275
l'éboulement des terres.   C'est le travail de l'homme
qui boira le vin; mais la vigne, qui ne boira rien, si
vous voyiez comme elle suce de toute sa force le suc
pierreux et vitriolique des rochers presque nus sur
lesquels elle s'accroche, vous diriez comme moi: Chacun 280
fait ici de son mieux.   Dans ce lieu même, le fleuve est
si serré qu'il bouillonne, et le flot me rappelle en petit
notre passage de Boulogne à Douvres, où nous fûmes si
malades.   Je l'étais pourtant moins qu'aujourd'hui,
quoique je souffrisse davantage: mais j'ai bonne espé- 285
rance.   Encore vingt-cinq lieues d'Allemagne, c'est-à-
dire trente-sept de France, et je serai dans un bon lit à
Vienne, où je vais faire le monsieur au moins huit bons
jours avant de me remettre en route.   Comme j'y
trouverai des médecins, j'y trouverai probablement des 290
saignées: c'est là le premier point de leur science.
Je sens bien que j'approche d'une grande capitale:
la culture, la navigation, les chapelles, les forts, tout
m'annonce que nous arrivons.   Les hommes augmen-
tent à vue d'œil; ils vont se presser, et enfin seront 295
accumulés au terme de mon voyage: c'est au terme de
mon éloignement que je veux dire; car j'aurai bien
quatre cents lieues à faire pour revenir embrasser mes
chers amis, à qui j'espère que vous ferez part des
nouvelles que je vous donne.   Ne pouvant écrire à tout 300
le monde à la fois, j'adresserai tantôt à l'un, tantôt à
l'autre, ce que je pourrai rédiger; et il faut bien que
tout cela fasse un corps entre vos mains, car pour moi
je ne recommencerai pas à celui-ci ce que j'aurai dit à

305 celui-là.   Tant que j'ai eu la tête pleine d'affaires, au
diable l'instant que j'avais pour écrire□; mais depuis
que tout est fini, je redeviens moi-même, et je radote
volontiers.

Bonjour, cher ami: voilà mon cœur qui s'engage de
310 nouveau.   Sans cette vilaine oppression, je ne serais
que blessé, au lieu que je suis malade.   Il faut absolument cesser d'écrire.

Du 20 à midi.

Me voilà descendu à Vienne.   Je souffre beaucoup,
315 mais c'est moins un étouffement qu'une douleur aigre:
je crois que c'est bon signe.   Je vais me coucher; il y
a bien longtemps que cela ne m'est arrivé.

À MA FILLE EUGÉNIE

Paris, le 12 août 1792.

Puisque j'ai promis de t'écrire, c'est à toi, ma chère fille, que je veux adresser les détails des événements qui m'ont personnellement frappé dans ces trois journées désastreuses; et je le fais pour que tu t'en occupes: car il m'importe également que tout ce qui m'arrive en mal ainsi qu'en bien tourne au profit de mon enfant.

Mercredi matin 8 août j'ai reçu une lettre par laquelle un monsieur, qui se nommait sans nul mystère, me mandait qu'il était passé pour m'avertir d'une chose qui me touchait, *aussi importante que pressée:* il demandait un rendez-vous. Je l'ai reçu. Là j'ai appris de lui qu'une bande de trente brigands avait fait le projet de venir piller ma maison la nuit du jeudi au vendredi; que six hommes, en habits de garde national ou de fédéré, je ne sais, devaient venir me demander, au nom de la municipalité, l'ouverture de mes portes, sous prétexte de chercher si je n'avais pas d'armes cachées. La bande devait suivre, armée de piques avec des bonnets rouges, comme des citoyens acolytes, et ils devaient fermer les grilles sur eux, en emportant les clefs pour empêcher, auraient-ils dit, que la foule ne s'introduisît. Ils devaient enfermer mes gens dans une des pièces souterraines, ou la cuisine, ou le commun, en menaçant d'égorger sans pitié quiconque dirait un

seul mot. Puis ils devaient me demander, la baïon-
nette aux reins, le poignard à la gorge, où étaient les
huit cent mille francs qu'ils croient, disait ce monsieur,
que j'ai reçus du trésor national. Tu juges, mon
30 enfant, ce que je serais devenu dans les mains de pareils
brigands, quand je leur aurais dit que je n'avais pas un
écu *et n'avais pas reçu un seul assignat du trésor.*
Enfin, m'ajouta ce bon homme, ils m'ont mis du complot, monsieur, en jurant d'égorger celui qui les
35 décèlerait; voilà mon nom, mon état, ma demeure;
prenez vos précautions, n'exposez pas ma vie pour prix
de cet avis pressant que mon estime pour vous m'engage
à vous donner.

Après l'avoir bien remercié, j'ai écrit à M. Pétion,
40 comme premier magistrat de la ville, pour lui demander
une sauvegarde. J'ai remis ma lettre à son suisse, et
n'en avais pas de réponse quand les troubles ont commencé; ce qui redoublait mes inquiétudes.

Je ne te dirai rien de la terrible journée du vendredi,
45 les nouvelles en parlent assez; mais voyant revenir, le
soir, les soldats et le peuple déchargeant leurs fusils
et tirant des pétards, j'ai jugé que tout était calme,
et j'ai passé la nuit chez moi.

Samedi 11, vers huit heures du matin, un homme est
50 venu m'avertir que les femmes du port Saint-Paul
allaient amener tout le peuple, animé par un faux avis
qu'il y avait des armes chez moi, *dans les prétendus
souterrains* qu'on a supposés tant de fois, et dont trois
ou quatre visites n'ont encore pu détruire les soupçons;
55 et voilà, mon enfant, l'un des fruits de la calomnie:
les faussetés les mieux prouvées laissent d'obscurs

souvenirs que les vils ennemis réveillent dans les temps
de troubles; car ce sont les moments, ma fille, où
toutes les lâches vengeances s'exercent avec impunité.

Sur cet avis, j'ai tout ouvert chez moi, secrétaires, 60
armoires, chambres et cabinets, enfin tout, résolu de
livrer et ma personne et ma maison à l'inquisition
sévère de tous les gens qu'on m'annonçait. Mais quand
la foule est arrivée, le bruit, les cris étaient si forts,
que mes amis troublés ne m'ont pas permis de des- 65
cendre, et m'ont conseillé tous de sauver au moins ma
personne.

Pendant qu'on bataillait pour l'ouverture de mes
grilles, ils m'ont forcé de m'éloigner par le haut bout
de mon jardin; mais on y avait mis un homme en sen- 70
tinelle, qui a crié: *Le voilà qui se sauve!* et cependant
je marchais lentement. Il a couru par le boulevard,
avertir tout le peuple assemblé à ma grille d'entrée:
j'ai seulement doublé le pas; mais les femmes, cent fois
plus cruelles que les hommes dans leurs horribles aban- 75
dons, se sont toutes mises à ma poursuite.

Il est certain, mon Eugénie, que ton malheureux
père eût été déchiré par elles, s'il n'avait pas eu de
l'avance; car la perquisition n'étant pas encore faite,
rien n'aurait pu leur ôter de l'esprit que je m'étais 80
échappé en coupable. Et voilà où m'avait conduit la
faiblesse d'avoir suivi le conseil donné par la peur, au
lieu de rester froidement comme je l'avais résolu! J'ai,
mon enfant, un instinct de raison juste et net qui me
saisit dans le danger, me fait former un pronostic 85
rapide sur l'événement qui m'assaille, et m'a toujours
conduit au meilleur parti qu'il faut prendre. C'est là,

ma bonne et chère enfant, une des facultés de l'esprit
que l'on doit le plus exercer, pour la retrouver au
90 besoin; et c'est peut-être à cette étude que j'ai dû, sans
m'en être douté, le talent d'arranger des plans de
comédies qui ont servi à mes amusements, pendant
qu'une application plus directe faisait concourir cette
étude à ma conservation dans les occasions dangereuses
95 qui se sont tant renouvelées pour moi.

    J'étais entré chez un ami dont la porte était
refermée, dans une rue qui, faisant angle avec celle où
les cruelles femmes couraient, leur a fait perdre enfin
ma trace, et d'où j'ai entendu leurs cris.   Ah! pardon,
100 mon aimable enfant, si, dans ce moment de péril, j'ai
pris en horreur tout ton sexe, en réfléchissant, malgré
moi, que, lorsqu'il peut mal faire avec impunité, il
semble saisir avec joie une occasion de se venger de sa
faiblesse qui le tient dans la dépendance du fort: et
105 c'est à ce motif secret qu'il faut, je crois, attribuer le
désordre en tout genre, les exécrables cruautés où ce
faible sexe se livre dans tous les mouvements du
peuple, et dont ces jours derniers nous montrent
d'horribles exemples, dont je te sauve le récit.

110   Mais heureusement, mon enfant, qu'il n'y a dans
ceci aucune application à faire aux créatures de ton sexe,
dont l'éducation, la sagesse, ont conservé les douces
mœurs, qui font leur plus bel apanage.   La nature
humaine est facile à s'égarer; mais les individus sont
115 bons, surtout ceux qui se sont veillés; car ceux-là ont
dû reconnaître que le meilleur calcul, pour le repos ou
le bonheur, est d'être toujours juste et bon: utile
pensée, mon enfant, qui m'a fait dire bien des fois,

comme un bon résultat de mes plus mûres réflexions,
que *si la nature, en naissant, ne m'avait pas fait un* 120
bon homme, je le serais devenu par un calcul approfondi;
je m'en suis toujours bien trouvé.

Pendant que j'étais enfermé dans un asile impéné-
trable, trente mille âmes étaient dans ma maison, où,
des greniers aux caves, des serruriers ouvraient toutes 125
les armoires, où des maçons fouillaient les souterrains, sondaient partout, levaient les pierres, et faisaient
des trous dans les murs pendant que d'autres piochaient
le jardin jusqu'à trouver la terre vierge, repassant tous
vingt fois dans les appartements; mais quelques-uns 130
disant, au très-grand regret des brigands qui se trou-
vaient là par centaines: *Si l'on ne trouve rien ici qui se*
rapporte à nos recherches, le premier qui détournera le
moindre des meubles, une boucle, sera pendu sans rémis-
sion, puis haché en morceaux par nous.   135

Ah! c'est quand on m'a dit cela que j'ai bien regretté
de n'être pas resté, dans le silence, à contempler ce
peuple en proie à ses fureurs, à étudier en lui ce
mélange d'égarement et de justice naturelle qui perce à
travers le désordre! Tu te souviens de ces deux vers 140
que je mis dans la bouche de *Tarare*, et qui furent tant
applaudis:

> Quand ce bon peuple est en rumeur,
> C'est toujours quelqu'un qui l'égare.

Ils recevaient ici leur véritable application: la lâche 145
méchanceté l'avait égaré sur mon compte. Pendant
que les ministres et les comités réunis prodiguent les
éloges au désintéressement et au civisme de ton père
sur l'affaire des fusils de Hollande[a], dont ils ont les

150 preuves en main, on envoie le peuple chez lui, comme chez un traître ennemi qui tient beaucoup d'armes cachées, espérant qu'on le pillera!

Ils doivent être bien furieux: le peuple ne m'a point pillé; il a trompé leur rage, qu'aucun n'ose mettre au 155 grand jour sous son nom: seulement un d'eux écrivait à une femme qui me l'a mandé sur-le-champ, le jour que l'on croyait ma maison incendiée:

Enfin donc votre Beaumarchais
Vient d'expier tous ses succès.

160 *Expier des succès!* Ah l'abominable homme! dirait ici l'*Orgon* de Molière. Eh! quoi donc? aux yeux de l'envie, les succès deviennent des crimes! Quels pauvres succès que les miens, rachetés par tous les dégoûts qu'elle verse à pleines mains sur moi! Des 165 succès de pur agrément; car les fruits du travail, des travaux de toute la vie, noyés dans des mers de chagrins, perdus et rattrapés vingt fois par mes veilles accumulées; ces fruits qu'on appelle *fortune*, ce ne sont point là des *succès*. Le mot *succès* ne doit être appliqué 170 qu'à nos récompenses morales; et la fortune, mon enfant, bien éloignée d'en mériter le nom, n'est qu'un résultat pécunier, nécessaire, mais triste et sec, et qui ne parle point au cœur.

Je te débite, en courant, les maximes qui se rencon- 175 trent sous ma plume.

Enfin, après sept heures de la plus sévère recherche, la foule s'est écoulée, aux ordres de je ne sais quel chef: mes gens ont balayé près d'un pouce et demi de poussière; *mais pas un binet⸗ de perdu.* Les enfants 180 ont pillé les fruits verts; j'aurais voulu qu'ils eussent

été plus mûrs: leur âge est sans méchanceté.   Une
femme au jardin a cueilli une giroflée⁰; elle l'a payée
de vingt soufflets: on voulait la baigner dans le bassin
des peupliers.

Je suis rentré chez moi.   Ils avaient porté l'attention 185
jusqu'à dresser un procès-verbal guirlandé de cent
signatures qui attestaient qu'ils n'avaient rien trouvé
de suspect dans ma possession.   Et moi je l'ai fait
imprimer avec tous mes remerciements de trouver ma
maison intacte; et je le publie, mon enfant, d'abord 190
parce que l'éloge encourage le bien, et parce que c'est
une chose digne de l'attention des bons esprits, que ce
mélange, dans le peuple, d'aveuglement et de justice,
d'oubli total et de fierté; car il y en a beaucoup en lui,
pendant qu'il se livre au désordre, d'être humilié s'il 195
croit qu'on pense qu'il est capable de voler.   Si je vis encore quelque temps, je veux beaucoup réfléchir làdessus.

Mon enfant, j'ai dîné chez moi comme s'il ne fût rien
arrivé.   Mes gens, qui se sont tous comportés à mer-
veille et en serviteurs attachés, me racontaient tous 200
leurs détails.   L'un: *Monsieur, ils ont été trente fois*
dans les caves, et pas un verre de vin n'a été sifflé.
Un autre: *Ils ont vidé la fontaine de la cuisine, et je*
leur rinçais des gobelets.   Celle-ci: *Ils ont fouillé toutes*
les armoires au linge, il ne manque pas un torchon. 205
Celui-là: *Un d'eux est venu m'avertir que votre montre*
était à votre lit; la voilà, monsieur, la voilà!   Vos
lunettes, vos crayons étaient sur la table à écrire, et rien
n'a été détourné!

Enfin me voilà parvenu à la terrible nuit dont je vous 210
ai déjà parlé; en voici les affreux détails:

En nous promenant au jardin sur la brune, le samedi, l'on me disait: *Ma foi, monsieur, après ce qui est arrivé, il n'y a aucun inconvénient que vous passiez la* 215 *nuit ici.* Et moi je répondais: Sans doute, mais il n'y en a pas non plus que j'aille la passer ailleurs; et ce n'est pas le peuple que je crains, le voilà bien désabusé; mais cet avis que j'ai reçu, d'une association de brigands pour me piller une de ces nuits, me fait craindre que, 220 dans la foule qui s'est introduite chez moi, ils n'aient étudié les moyens d'entrer la nuit dans ma maison; car on a entendu de terribles menaces: peut-être y en a-t-il quelques-uns de cachés ici; enfin, j'ai grande envie d'aller passer une bonne nuit chez notre bon ami 225 de la rue des Trois-Pavillons: c'est bien la rue la plus tranquille qui soit au tranquille Marais□. Pendant qu'il est à sa campagne, *va, François, va mettre à son lit une paire de draps pour moi.*

J'ai soupé, ma fille: heureusement j'ai peu mangé, 230 puis je suis parti sans lumière pour la rue des Trois-Pavillons, m'assurant bien de temps en temps que personne ne me suivait.

Mon François retourné chez moi, la porte de la rue barrée et bien fermée, un domestique de mon ami 235 enfermé tout seul avec moi, je me suis livré au sommeil. A minuit, le valet, en chemise, effrayé, entre dans la chambre où j'étais: *Monsieur*, me dit-il, *levez-vous; tout le peuple vient vous chercher, ils frappent à enfoncer la porte. On vous a trahi de chez vous; la maison va être* 240 *pillée.* En effet, on frappait d'une façon terrible. A peine réveillé, la terreur de cet homme m'en donnait à moi-même. *Un moment*, dis-je; *mon ami, la frayeur nuit au jugement.* Je mets ma redingote, en oubliant ma veste, et, mes pantoufles aux pieds, je lui dis: *Y a-t-il quelque issue par où l'on puisse sortir d'ici?*—Aucune, monsieur; mais pressez-vous, car ils vont enfoncer la porte. Ah! qu'est-ce que va dire mon maître?—*Il ne dira rien, mon ami, car je vais livrer ma personne pour qu'on respecte sa maison. Va leur ouvrir, je descends avec toi.*

Nous étions troublés tous les deux. Pendant qu'il descendait, j'ai ouvert au premier étage une fenêtre qui donnait sur la rue du Parc-Royal; il y avait sur le balcon une terrine allumée qui m'a fait voir, au travers de la jalousie, que la rue était pleine de monde: alors le desir insensé de sauter par la fenêtre s'est éteint à l'instant où j'allais m'y jeter. Je suis descendu en tremblant dans la cuisine au fond de la cour; et regardant par le vitrage, j'ai vu la porte enfin s'ouvrir. Des habits bleus, des piques, des ges en veste sont entrés; des femmes criaient dans la rue. Le domestique est revenu vers moi pour chercher beaucoup de chandelles, et m'a dit d'une voix éteinte: *Ah! c'est bien à vous qu'on en veut!*—Eh bien! ils me trouveront ici.

Il y a près de la cuisine une espèce d'office avec une grande armoire où l'on met les porcelaines, dont les portes étaient ouvertes. Pour tout asile et pour dernier refuge, ton pauvre père, mon enfant, s'est mis derrière un des vantaux, debout, appuyé sur sa canne, la porte de ce bouge uniquement poussée, dans un état impossible à décrire; et la recherche a commencé.

Par les jours de souffrance⁰ qui donnaient sur la cour, j'ai vu les chandelles trotter, monter, descendre,

enfiler les appartements.   On marchait au-dessus de ma
275 tête; la cour était gardée, la porte de la rue ouverte;
et moi, tendu sur mes orteils, retenant ma respiration,
je me suis occupé à obtenir de moi une résignation
parfaite, et j'ai recouvré mon sang-froid.   J'avais deux
pistolets en poche, j'ai débattu long-temps si je devais
280 ou ne devais pas m'en servir.   Mon résultat a été que
si je m'en servais, je serais haché sur-le-champ, et
j'avancerais ma mort d'une heure, en m'ôtant la
dernière chance de crier au secours, d'en obtenir peut-
être, en me nommant, dans ma route à l'hôtel-de-ville.
285 Déterminé à tout souffrir, sans pouvoir deviner d'où
provenait cet excès d'horreur après la visite chez moi,
je calculais les possibilités, quand, la lumière faisant le
tour en bas, j'ai entendu que l'on tirait ma porte, et
j'ai jugé que c'était le bon domestique qui, peut-être
290 en passant, avait imaginé d'éloigner encore un moment
le danger qui me menaçait.   Le plus grand silence
régnait; je voyais, à travers les vitres du premier
étage, qu'on ouvrait toutes les armoires: alors je crus
avoir trouvé le sens de toutes ces énigmes.   Les
295 brigands, me dis-je, se sont portés chez moi; ils ont
forcé mes gens, sous peine d'être égorgés, de leur
déclarer où j'étais; la terreur les a fait parler: ils sont
arrivés jusqu'ici, et, trouvant la maison aussi bonne à
piller que la mienne, ils me réservent pour le dernier,
300 sûrs que je ne puis échapper.

Puis mes douloureuses pensées se sont tournées sur
ta mère et sur toi et sur mes pauvres sœurs.   Je disais
avec un soupir: Mon enfant est en sûreté; mon âge est
avancé; c'est peu de chose que ma vie, et ceci n'accélère

la mort de la nature que de bien peu d'années: mais 305
ma fille, sa mère! elles sont en sûreté. Des larmes
coulaient de mes yeux. Consolé par cet examen, je
me suis occupé du dernier terme de la vie, le croyant
aussi près de moi. Puis, sentant ma tête vidée par
tant de contention d'esprit, j'ai essayé de m'abrutir et 310
de ne plus penser à rien. Je regardais machinalement
les lumières aller et venir; je disais: *Le moment
s'approche;* mais je m'en occupais comme un homme
épuisé, dont les idées commencent à divaguer: car il y
avait quatre heures que j'étais debout dans cet état 315
violent, changé depuis dans un état de mort. Alors,
sentant de la faiblesse, je me suis assis sur un banc, et
là j'ai attendu mon sort sans m'en effrayer autrement.

Dans ce sommeil d'horrible rêverie, j'ai entendu un
plus grand bruit; il s'approchait, je me suis levé, et, 320
machinalement, je me suis mis derrière le vantail de
l'armoire, comme s'il eût pu me garantir. La porte
s'est ouverte; une sueur froide m'a tombé du visage,
et m'a tout-à-fait épuisé.

J'ai vu venir le domestique à moi, une chandelle à la 325
main, qui m'a dit d'un ton assez ferme: *Venez,
monsieur, on vous demande.—Quoi! vous voulez donc
me livrer? J'irai sans vous. Qui me demande?—M.
Gudin, votre caissier.—Que dites-vous de mon caissier?
—Il est là avec ces messieurs.* Alors j'ai cru que je 330
rêvais ou que ma raison altérée me trompait sur tous
les objets: mes cheveux ruisselaient, mon visage était
comme un fleuve. *Montez,* m'a dit le domestique,
*montez; ce n'est pas vous qu'on cherche: M. Gudin va
vous expliquer tout.* 335

Ne pouvant attacher nul sens à ce qui frappait mon
oreille égarée, j'ai suivi au premier étage le domestique
qui m'éclairait: là j'ai trouvé *M. Gudin* en habit de
garde national, armé de son fusil, avec d'autres per-
340 sonnes. Stupéfait de cette vision, *Par quel hasard,*
lui ai-je dit, *vous rencontrez-vous donc ici?—Par un
hasard, monsieur, aussi étrange que celui qui vous y a
conduit vous-même le propre jour que l'on a donné
l'ordre de visiter cette maison, où l'on a dénoncé des*
345 *armes.—Ah!* j'ai dit, *pauvre campagnard! vous avez
donc aussi de lâches ennemis!* N'ayant plus besoin de
mes forces, je les ai senties fuir, elles m'ont manqué
tout-à-fait. Je me suis assis sur le lit où j'avais som-
meillé deux heures avant que le bruit commençât; et
350 Gudin m'a dit ce qui suit:

"Inquiet, à onze heures du soir, de savoir si notre
quartier était gardé par les patrouilles, j'ai pris mon
habit de soldat, mon sabre et mon fusil, et suis
descendu dans les rues malgré les conseils de mon fils.
355 J'ai rencontré une patrouille qui, m'ayant reconnu, m'a
dit: Monsieur Gudin, voulez-vous venir avec nous?
vous y serez mieux que tout seul. Je l'ai d'autant
mieux accepté, que monsieur, que vous voyez là en
habit de garde national, est le limonadier qui reste en
360 face de vos fenêtres: en un mot, c'est M. Gibé."

D'honneur, ma pauvre enfant, je me tâtais le front
pour m'assurer que je ne dormais pas. Mais comment,
ai-je dit à M. Gudin, si c'est bien vous qui me parlez,
m'avez-vous laissé là quatre heures dans les angoisses
365 de la mort, sans m'être venu consoler?

"Je vais bien plus vous étonner, me dit Gudin, par

mon récit, que ma présence ne l'a fait. . . . J'ai vu doubler le pas, et j'ai dit à tous ces messieurs: Ce n'est pas ainsi qu'on patrouille.—Aussi ne patrouillons-nous pas, nous allons à une capture. Je les vois arriver à la rue du Parc-Royal; et là mon cœur commence à battre, nous sentant aussi près de vous.

"En détournant la rue des Trois-Pavillons, à l'habitation où vous êtes, on nous crie: *Halte ici! enveloppez la maison;* et je me dis: Grand Dieu! par quelle fatalité me trouvé-je avec ceux qui viennent pour arrêter M. de Beaumarchais? Moi aussi, je croyais rêver. Je me suis contenu de mon mieux, pour voir où tout aboutirait.

"Le domestique ouvre la porte et pense tomber à la renverse, me trouvant parmi ces messieurs; il a cru que la trahison qu'il avait soupçonnée dans vos gens s'était étendue jusqu'à moi: il balbutiait. Alors on a lu à haute voix l'ordre donné par la section de venir visiter ici, soupçonnant qu'il y a des armes.—*Eh bien! alors,* lui dis-je, *comment n'êtes-vous pas accouru? comment n'avez-vous eu nulle pitié de moi?*—Ma terreur n'a fait qu'augmenter, dit *Gudin;* à cette lecture j'ai eu la bouche encore plus close, et n'étais que plus effrayé, ne sachant pas, monsieur, s'il y avait ou non des armes; mais présumant avec effroi que, s'il s'en trouvait par malheur, vous alliez être victime de vous être enfermé ici, j'ai vu tous les rapports affreux de cette nuit à la visite qu'on venait de faire chez vous.

"Pendant le cours de la recherche, enfin j'ai trouvé le moment de dire tout bas au domestique: *L'ami de votre maître est-il dans la maison?—Il y est,* m'a-t-il dit.

Dans un autre moment je lui ai demandé: *Mais où est-il?—Je n'en sais rien.* Il ne pouvait pas s'éloigner; il
400 éclairait les rechercheurs; on ne le perdait pas de vue. Je me suis glissé sans lumière, a continué *M. Gudin*, jusqu'à la chambre de votre lit: je vous ai cherché à tâtons, dessus, dessous, vous appelant tout bas; mais vous étiez ailleurs, et je ne pouvais deviner où je devais
405 vous aller prendre.

"Enfin, la recherche achevée, assuré que la calomnie avait encore manqué son coup, et qu'on ne trouvait rien ici, j'ai confié à tous ces messieurs par quel hasard vous vous trouviez caché dans la chambre du maître, et leur
410 étonnement a au moins égalé le nôtre. Dieu merci, le mal est passé: recouchez-vous, monsieur, et tâchez de dormir; vous devez en avoir besoin."

Alors, toute la patrouille étant entrée dans cette chambre, j'ai dit au commissaire de section: "Mon-
415 sieur, vous me voyez ici sous la sauvegarde de l'amitié; je ne puis mieux payer l'asile qu'elle me donnait qu'en vous priant, au nom de mon ami, qui est excellent citoyen, de rendre votre visite aussi sévère que le peuple l'a faite hier chez moi, et d'en dresser procès-verbal,
420 pour que sa sûreté ne soit plus compromise par d'in-fâmes calomnies.—Monsieur, m'a dit le commissaire, notre procès-verbal est clos; votre ami est en sûreté."

Ces messieurs sont partis et ont dit au peuple, aux femmes dans la rue, que cette maison était pure. Les
425 femmes, enragées que l'on n'eût rien trouvé, ont prétendu qu'on avait mal cherché, ont dit qu'en huit minutes elles allaient trouver la cachette: elles voulaient que l'on rentrât; on s'y est opposé: le commissaire a

fait brusquement refermer la porte. Ainsi ont fini mes
douleurs; mais la sueur, la lassitude et la faiblesse me 430
brisaient.

Pendant que je réfléchissais à toutes les incroyables
fortuités qui s'étaient simultanément rassemblées pour
composer cette *mille et deuxième* nuit du roman de
Scheherazade, et dans laquelle je venais d'être témoin, 435
acteur et spectateur glacé, je me disais: "Je l'écrirai,
vingt personnes l'attesteront, personne ne voudra me
croire, et tout le monde aura raison." Tous les traits
majeurs de ma vie ont eu un coin de singularité, mais
celui-ci les couvre tous. Ici l'horrible vérité n'offre 440
qu'un songe invraisemblable: si quelque chose y fait
ajouter foi, c'est bien l'impossibilité de croire que
quelqu'un ait imaginé un roman aussi improbable.

Mais j'ai appris le lendemain matin que des hommes
âgés, affectionnés à ce quartier, que jamais rien n'avait 445
troublé, entendant ce tapage affreux, saisis d'une terreur nocturne, ont sauté par-dessus les murs, et que,
de jardin en jardin, ils ont été troubler des dames de
la rue de la Perle, en leur demandant de les garantir
de la mort: l'un d'eux s'était cassé la jambe.   450

L'effroi s'était communiqué, et, de tout ce quartier,
ton père, qui avait eu le plus sujet de craindre, peut-être
a été le seul qui ait achevé dans son lit une nuit aussi
tourmentée.

Voilà, mon Eugénie, les détails que je t'ai promis 455
dans ma dernière lettre à ta mère. Un homme moins
fort, moins exercé que moi sur tous les genres d'infor-
tune, serait mort vingt fois de frayeur. Mon sang-
froid, ma prudence, et souvent le hasard, m'ont sauvé

460 de bien des dangers: ici le hasard a tout fait. Mais combien de fois ai-je dit en m'endormant sur le matin: "Oh! que j'embrasserai mon enfant avec joie, si des événements plus terribles et plus désastreux ne la privent pas de son père et me permettent de la revoir!"

LETTRE POUR LA JEUNE CITOYENNE FRAN-
ÇAISE AMÉLIE-EUGÉNIE CARON
BEAUMARCHAIS

Près de Lubeck, ce 4 décembre (vieux style) 1794.

Mon enfant, ma fille Eugénie! j'apprends, au fond
de ma retraite, que le système tyrannique, spoliateur
et destructeur de l'effroyable Robespierre, qui couvrait
le sol de la France de larmes, de sang et de deuil, com- 5
mence à faire place au vrai plan de restauration des
principes sacrés de *liberté civique* et d'une *égalité
morale* sur lesquels seuls se fonde et se maintient une
république sage, heureuse et très-puissante.

Malgré ta très-grande jeunesse et l'éloignement 10
naturel où ton sexe vivait de ces fières et mâles idées,
tu as pu voir, dans toutes les échappées des conversa-
tions où tu assistais malgré toi, que ces idées ont constamment été mes principes invariables; et le temps est
venu, ma fille, où la grande leçon du malheur t'apprend 15
l'utilité de revenir sur tout cela, et te met en état de
juger *si tu peux encore t'honorer d'être la fille de ton
père.* Et ce retour sur toi t'est devenu d'autant plus
nécessaire, que tu n'aurais aucun moyen de briser ce
lien sacré, quand tu craindrais d'avoir à en rougir. 20

Si je t'écris sans bien savoir comment je te ferai
passer ma lettre, et si je t'écris librement, c'est que,
fussé-je même le plus coupable des citoyens envers la
république française, on ne pourrait te faire un crime

148

25 d'avoir reçu de moi la vie, ni de t'intéresser à ma justi-
fication, si importante à ton état futur.

Le temps n'est pas encore bien loin où cette justifica-
tion était regardée comme impossible, où l'on ne cessait
de me dire que, si je retournais en France, je courrais
30 risque encore une fois d'y périr avant que je pusse m'y
faire entendre d'aucun juge. On m'apprend aujour-
d'hui que ce temps d'horreur a fini par la mort de celui
qui seul l'avait fait naître; qu'on a même de l'indul-
gence en ce moment pour des coupables. Un citoyen
35 qui ne l'est point, qui n'a cessé d'être zélé, peut donc
y espérer justice.

Sur ces assurances, ma fille, ranime ton faible courage; et reçois de ton père, pour ta consolation, sa
parole sacrée que, dès qu'il apprendra par toi qu'il peut
40 aller offrir à l'examen sévère toute sa conduite civique,
il sortira sans hésiter de l'espèce de tombeau dans
lequel il s'est enterré depuis son départ de la France;
n'ayant trouvé que ce moyen de la servir utilement, et
d'échapper à toute accusation, à tout soupçon de mal-
45 veillance.

Je prouverai, par un retour sur tous mes ouvrages
connus, que la tyrannie despotique et tous les grands
abus de ses temps anciens monarchiques n'ont pas eu
d'adversaire plus courageux que moi; que ce courage,
50 qui surprenait alors tout ce qui est brave aujourd'hui,
m'a exposé sans cesse à des vexations inouïes. L'amour
de cet état abusif et vicieux n'a donc pu faire de moi
un ennemi de mon pays, pour essayer de raviver ce que
j'ai toujours combattu.

55   Je prouverai qu'après avoir servi efficacement la

liberté en Amérique j'ai, sans ambition personnelle,
servi depuis, de toutes mes facultés, les vrais intérêts de
la France.

Je prouverai que je la sers encore, quoique livré à
une persécution aussi absurde qu'impolitique, et qu'il 60
soit stupide de croire que celui qui se consacra au
rétablissement des droits de l'homme en Amérique,
dans l'espoir d'avoir à présenter un grand modèle à
notre France, a pu s'attiédir sur ce point quand il
s'agit de son exécution.   65

J'établirai devant mes juges ma conduite si bien
prouvée à toutes les époques où il me fut permis d'agir.

On ne pourra dire à ton père qu'il a vécu deux ans
chez les ennemis de l'État; il prouvera qu'il n'en a
jamais vu aucun.   70

Si l'on veut qu'il soit émigré, contre toute espèce de
droits, il montrera ses passe-ports, sa conduite, son
titre, et sa correspondance, dont on pourra être surpris.

Que si on lui reproche de n'avoir pas rempli les
promesses qu'il avait faites, il invoquera *l'acte même* 75
qui renferme son vœu, et prouvera qu'il a fait lui tout
seul ce que vingt hommes réunis n'auraient pas osé
concevoir, et *au-delà de ce qu'il a promis.*

Si l'on dit qu'il a dans les mains de grands fonds à la
république, en souriant de cette erreur grossière, *il* 80
répondra qu'il vient compter rigoureusement avec elle,
et remettra, sans nul délai, ce dont il sera débiteur, en
ne demandant nulle grace, mais le plus sévère examen:
qu'avant même de le subir il vient offrir dans son pays
sa tête expiatoire, si, cet examen achevé, on peut l'y 85
soupçonner coupable.

Si l'assemblée législative conventionnelle juge UNE TROISIÈME FOIS QU'IL A BIEN MÉRITÉ DE LA NATION FRANÇAISE (car on l'a déjà prononcé deux fois sur
90 cette même affaire), il se refusera à toute espèce de récompense autre que l'honneur reconnu d'avoir bien rempli ses devoirs, et l'espoir si doux à son cœur de revoir sa fille honorée, rendue à l'aisance modeste qu'on n'a pu ni dû lui ravir.

95 Voilà, ma fille tant aimée! ce à quoi s'engage ton père. Le silence de mort que tous mes amis ont gardé depuis qu'une mission fâcheuse et presque impossible à remplir m'a exilé de mon pays, me fait douter si je dois croire qu'il a pu m'en rester un seul; je ne puis
100 donc adresser à aucun cet engagement que je prends, pour qu'il aille t'en faire part et encourager ta faiblesse.

Je suis forcé, plein de toutes ces choses, de te les écrire à toi-même, en te recommandant de profiter de
105 ce long et dur temps d'épreuves, pour achever ta bonne éducation, ton éducation sérieuse, celle des agréments étant remplie depuis long-temps pour toi.

Songe bien, mon enfant, qu'en ce nouvel ordre de choses une femme reconnue d'un mérite solide convien-
110 dra mieux à un républicain pour être mère de ses enfants, que celle qui n'aurait que des talents à lui offrir, et que ces grâces d'autrefois (dont la mode est si bien passée) pour acquitter la dette maternelle.

Sache enfin que nul homme existant n'a souffert de
115 plus longs tourments que l'ardent ami qui t'écrit; et qu'il aurait cent fois jeté sans regret à ses pieds le fardeau de son existence, s'il n'avait vivement senti

qu'elle t'était indispensable, et qu'il n'a le droit de
mourir que quand il te saura heureuse.

Je t'autorise, en la signant, à faire de ma triste lettre [120]
l'usage que tes autres amis jugeront propre à ta conservation, en attendant que j'y mette le sceau de
l'attachement paternel en allant moi-même à Paris.

Je te serre contre mon cœur, toi et tout ce qui m'appartient.   [125]

Signé de moi de tous mes noms,
PIERRE-AUGUSTIN CARON DE BEAUMARCHAIS.

GAIETE FAITE A LONDRES

ADRESSÉE A L'ÉDITEUR DE LA CHRONIQUE DU MATIN

6 mai 1776.

MONSIEUR L'ÉDITEUR,

Je suis un étranger français, plein d'honneur. Si ce n'est pas vous apprendre absolument qui je suis, c'est au moins vous dire, en plus d'un sens, qui je ne suis pas; et par le temps qui court, cela n'est pas tout-à-fait inutile à Londres.

Avant-hier au Panthéon, après le concert et pendant qu'on dansait, j'ai trouvé sous mes pieds un manteau de femme, de taffetas noir, doublé de même et bordé de dentelle. J'ignore à qui ce manteau appartient; je n'ai jamais vu, pas même au Panthéon, la personne qui le portait, et toutes mes recherches depuis n'ont pu rien m'apprendre qui fût relatif à elle.

Je vous prie donc, monsieur l'Éditeur, d'annoncer dans votre feuille ce manteau trouvé, pour qu'il soit rendu fidèlement à celle qui le réclamera.

Mais afin qu'il n'y ait point d'erreur à cet égard, j'ai l'honneur de vous prévenir que la personne qui l'a perdu était ce jour-là coiffée en plumes couleur de rose; je crois même qu'elle avait des pendeloques de brillants aux oreilles, mais je n'en suis pas aussi certain que du reste. Elle est grande, bien faite; sa chevelure est d'un blond argenté, son teint éclatant de blancheur; elle a le cou fin et dégagé, la taille élancée, et le plus

155

joli pied du monde. J'ai même remarqué qu'elle est
fort jeune, assez vive et distraite; qu'elle marche
légèrement, et qu'elle a surtout un goût décidé pour la
danse.

Si vous me demandez, monsieur l'Éditeur, pourquoi, 30
l'ayant si bien remarquée, je ne lui ai pas remis sur-le-
champ son manteau, j'aurai l'honneur de vous répéter
ce que j'ai dit plus haut: que je n'ai jamais vu cette
personne; que je ne connais ni ses yeux, ni ses traits,
ni ses habits, ni son maintien, et ne sais ni qui elle est, 35
ni quelle figure elle porte.

Mais si vous vous obstinez à vouloir apprendre comment, ne l'ayant point vue, je puis vous la désigner
aussi bien, à mon tour je m'étonnerai qu'un observateur
aussi exact ne sache pas que l'examen seul d'un man- 40
teau de femme suffit pour donner d'elle toutes les
notions qui la font reconnaître.

Mais, sans me targuer ici d'un mérite qui n'en est
plus un depuis que feu Zadig, de gentille mémoire, en a
donné le procédé, supposez donc, monsieur l'Éditeur, 45
qu'en examinant ce manteau, j'aie trouvé dans le
coqueluchon quelques cheveux d'un très-beau blond,
attachés à l'étoffe, ainsi que de légers brins de plumes
roses échappés de la coiffure: vous sentez qu'il n'a pas
fallu un grand effort de génie pour en conclure que le 50
panache et la chevelure de cette blonde doivent être en
tout semblables aux échantillons qui s'en étaient
détachés. Vous sentez cela parfaitement.

Et, comme une pareille chevelure ne germa jamais
sur un front rembruni, sur une peau équivoque en 55
blancheur, l'analogie vous eût appris, comme à moi,

que cette belle aux cheveux argentés doit avoir le teint
éblouissant; ce qu'aucun observateur ne peut nous disputer sans déshonorer son jugement.

60   C'est ainsi qu'une légère éraflure au taffetas, dans les
deux parties latérales du coqueluchon intérieur (ce qui
ne peut venir que du frottement répété de deux petits
corps durs en mouvement), m'a démontré, non qu'elle
avait ce jour-là des pendeloques aux oreilles, aussi ne
65 l'ai-je pas assuré, mais qu'elle en porte ordinairement,
quoiqu'il soit peu probable, entre vous et moi, qu'elle
eût négligé cette parure un jour de conquête ou de
grande assemblée, c'est tout un; si je raisonne mal,
monsieur l'Éditeur, ne m'épargnez pas, je vous prie:
70 rigueur n'est pas injustice.

Le reste va sans dire.   On voit bien qu'il m'a suffi
d'examiner le ruban qui attache au cou ce manteau, et
de nouer ce ruban juste à l'endroit déja frippé par
l'usage ordinaire, pour reconnaître que, l'espace em-
75 brassé par ce nœud étant peu considérable, le cou
enfermé journellement dans cet espace est très-fin et
dégagé.   Point de difficulté là-dessus.

Mesurant ensuite avec attention l'éloignement qui se
trouve entre le haut de ce manteau, par-derrière, et les
80 plis ou froissement horizontal formé vers le bas de la taille
par l'effort du manteau, quand la personne le serre à la
française pour animer sa stature, et qu'elle fait froncer
toute la partie supérieure aux hanches, pendant que
l'inférieure, garnie de dentelle, tombe et flotte avec
85 mollesse il n'y a pas un seul amateur qui n'eût décidé,
comme je l'ai fait, que, le buste étant très-élancé, la
personne est grande et bien faite.   Cela parle tout seul.

Supposez encore, monsieur l'Éditeur, qu'en examinant le corps du manteau vous eussiez trouvé sur le
taffetas noir l'impression d'un très-joli petit soulier, 90
marqué en gris de poussière, n'auriez-vous pas réfléchi
que si quelque autre femme eût marché sur le manteau
depuis sa chute, elle m'eût certainement privé du
plaisir de le ramasser? Alors il ne vous eût plus été
possible de douter que cette impression ne vînt du joli 95
soulier de la personne même qui avait perdu le manteau.
Donc, auriez-vous dit, si son soulier est très-petit, son
joli pied l'est bien davantage. Il n'y a nul mérite à
moi de l'avoir reconnu; le moindre observateur, un
enfant, trouverait ces choses-là.   100

Mais cette impression, faite en passant, et sans même
avoir été sentie, annonce, outre une extrême vivacité de
marche, une forte préoccupation d'esprit, dont les personnes graves, froides ou âgées sont peu susceptibles:
d'où j'ai conclu très-simplement que ma charmante 105
blonde est dans la fleur de l'âge, bien vive et distraite
en proportion. N'eussiez-vous pas pensé de même,
monsieur l'Éditeur? Je vous le demande, et ne veux
point abonder dans mon sens◌.

Enfin, réfléchissant que la place où j'ai trouvé son 110
manteau conduisait à l'endroit où la danse commençait
à s'échauffer, j'ai jugé que cette personne aimait beaucoup cet amusement, puisque cet attrait seul avait pu
lui faire oublier son manteau, qu'elle foulait aux pieds.
Il n'y avait pas moyen, je crois, de conclure autrement; 115
et, quoique Français, je m'en rapporte à tous les
honnêtes gens d'Angleterre.

Et quand je me suis rappelé le lendemain que, dans

une place où il passait autant de monde, j'avais ramassé
120 librement ce manteau (ce qui prouve assez qu'il tombait
à l'instant même), sans que j'eusse pu découvrir celle
qui venait de le perdre (ce qui dénote aussi qu'elle était
déjà bien loin), je me suis dit: Assurément cette jeune
personne est la plus alerte beauté d'Angleterre,
125 d'Écosse et d'Irlande; et si je n'y joins pas l'Amérique,
c'est que depuis quelque temps on est devenu diable-
ment alerte dans ce pays-là.

En poussant plus loin mes recherches, peut-être
aurais-je appris, dans son manteau, quelle est sa
130 noblesse et sa qualité; mais quand on a reconnu d'une
femme qu'elle est jeune et belle, ne sait-on pas d'elle à
peu près tout ce qu'on veut en savoir? Du moins en
usait-on ainsi de mon temps dans quelques bonnes
villes de France, et même dans quelques villages, comme
135 Marly, Versailles, etc.

Ne soyez donc plus surpris, monsieur l'Éditeur, qu'un
Français qui, toute sa vie, a fait une étude philoso-
phique et particulière du beau sexe ait découvert, au
seul aspect du manteau d'une dame, et sans l'avoir
140 jamais vue, que la belle blonde aux plumes roses
qui l'a perdu joint à tout l'éclat de Vénus le cou
dégagé des nymphes, la taille des Grâces et la
jeunesse d'Hébé; qu'elle est vive, distraite, et qu'elle
aime à danser au point d'oublier tout pour y courir,
145 sur le petit pied de Cendrillon, avec toute la légèreté
d'Atalante.

Et soyez encore moins étonné si, rempli toute la nuit
des sentiments que tant de graces n'ont pu manquer de
m'inspirer, je lui ai fait à mon réveil ces petits vers

innocents, auxquels son manteau, votre feuille et vos 150
bontés, monsieur l'Éditeur, serviront de passe-port :

O vous que je n'ai jamais vue,
Que je ne connais point du tout,
Mais que je crois, par avant-goût,
D'attraits abondamment pourvue !   155
Hier, quand vous vous échappiez .
Parmi tant de belles en armes,
Je sentis tomber à mes pieds
Le manteau qui couvrait vos charmes.
A l'instant cet espoir secret   160
Qui nous saisit et nous chatouille
Quand nous tenons un bel objet
Me fit mieux sentir le regret
De n'en tenir que la dépouille.
Je voudrais vous la reporter ;   165
Mais examinons s'il est sage
A moi de m'en laisser tenter.
Si l'Amour me guette au passage,
Le sort ne m'aura donc jeté
Dans un pays de liberté   170
Que pour y trouver l'esclavage !
Peut-être aussi, pour mon malheur,
Un époux, un amant, que sais-je ?
A-t-il déja le privilége
De sentir battre votre cœur ;   175
Et pour prix de ma fantaisie,
Loin que le charme de vous voir
Fît naitre en moi le moindre espoir,
J'expirerais de jalousie !
Il vaut donc mieux, belle inconnue,   180
Ne pas chercher dans votre vue
Le hasard d'un tourment nouveau.
A votre amant soyez fidèle :
Mais plus son sort me paraît beau,
Plus je vous crois sensible et belle,   185
Moins je veux garder le manteau.

En rendant ce manteau-là, permettez, monsieur l'Éditeur, que je m'enveloppe dans le mien, et ne me signe ici que

L'AMATEUR FRANÇAIS.

SON DERNIER VOEU

COUPLET

Dans mon printemps
J'eus du bon temps.
Après l'été
Trop ballotté,
Si mon automne   5
Est monotone,
Puisse un bon esprit encor vert
Me garantir du triste hiver!

NOTES

Page 28. **Alcade** or *Alcalde*, Spanish town mayor and justice. **Alguazils**, policemen.

ACT I

Line 8. **Isabelle,** Isabella of Castille (1451-1504).

14. Convenance, *fitness, propriety.*

29. Hein! hein! colloquial exclamation of satisfaction.

52. J'y suis, *I've got it now.*

62. Cabale, probably a reference to the author's own experience.

82. Bureaux, *the government service.*

104. Ne . . . pas laisser de, *all the same, for all that.*

105. Galiciens, etc., races famous for strong men.

107. Lui-même = *le poste qui m'a quitté.*

116. Bouquets à Chloris, *petites pièces galantes.* Chloris is a common name for the heroine of an idyl. Cf. *Cyrano:*

> Nous avons toujours, nous, dans nos poches,
> Des épîtres à des Chloris . . .

118. Tout vif, cf. *brûlé vif; écorché vif.* Translate *j'étais imprimé tout vif,* "I had rushed into print."

131. Dérangé, *disorderly.*

140. Je t'entends de reste, *I can hear you well enough.*

148. Travailleurs = *les claqueurs.*

149. Battoirs, flat wooden beaters used by washerwomen.

152. Café, the cafés, clubs; hence, *public opinion.*

157. L'ennui . . . d'eux. Translate, *you will bore them to death and that will avenge you.*

158. En garder, en vouloir. Cf. *en* to *it* in such expressions as *I'll give it to them.*

170. Cousins, *gnats.*

171. Maringouin, a kind of mosquito, alluding here, doubtless, to an enemy of the author, the censor Marin.

172. Feuillistes, *journalists and critics.*

179. En sautoir, *slung over my shoulder.*

188. Blâmé, an allusion to the sentence of *blâme* passed upon Beaumarchais by the Parliament in 1774.

161

184. Bon temps, *helping on* or *contributing to good times.*

188. Plaira, now usually followed by *de.*

203. Drame, a contemptuous allusion to the new *drama.* To this speech Beaumarchais subjoined the following note: "Bartholo n'aimait pas les drames. Peut-être avait-il fait quelque tragédie dans sa jeunesse."

211. L'attraction, the laws of gravitation discovered by Newton in 1666.

212. inoculation, introduced into France in 1755. **quinquina,** chinchona or feverwood, brought to France from Peru in 1640. **L'encyclopédie** of Diderot and others.

219. L'on . . . tient, with imperative force.

230. Bonté, *I am simple, foolish enough,* etc.

235. Butte, cf. *but* and the English "butt."

256. Ingénue, *artless* or *unsophisticated.*

279. Donner le change, *put off the scent.*

280. Pupille, *ward.*

287. Ma mère. In his *lettre sur la critique du Barbier* Beaumarchais ironically explains this remark as follows: "Comment n'a-t-on pas admiré la piété filiale de ce bon Figaro! Comme ma mère, a dit le fils tendre et respectueux!"

312. Si j'en ai, *I should think I had,* or some similar phrase.

320. Piston, *syringe,* so abused in French comedy.

328. Propos, *speech* or *remark.*

329. Puissiez-vous, *I wish that you might,* etc.

356. Entre deux vins, *about half drunk.*

377. Vos jambes . . . avinées, *only appear a little more drunk in your gait.*

420. Comme vous, cf. Mascarille's remarks in *Les Précieuses Ridicules* of Molière: "Les gens de qualité savent tout sans avoir jamais rien appris."

452. Constamment, *with constancy.*

479. Mon art, i.e. the art of the barber and surgeon.

498. Palettes, *pallet,* a small measure used in bleeding. **Oeil dans la main,** *eye upon the hand.*

ACT II

544. Vous appartient = *est un de vos parents.*

603. Tudieu, a strong exclamation; full form, *Par la vertu Dieu!*

607. Quelque feu follet, *a mere Will-o'-the-Wisp, the blaze of a moment.*

609. Brasier, *brazier.* D'en parler seulement, *simply in speaking of it,* etc.

611. Enfiévrer, fig. *communiquer une passion.*

613. Clavecin, *harpsichord.* Translate the sentence, "Pass through the music-room," etc.

622. Tambour, round drum-shaped embroidery frame.

628. Éclopper, *to lame.*

634. Mémoires, *bills.*

655. Sceller, *fasten* or *seal up.*

659. Donnent sur, *open upon.*

667. Souffler = *enlever en soufflant; to blow* or *spirit away.*

695. Douloir, *to feel pain.*

700. Petit garçon, refers to l'Éveillé.

720. Pour avoir, etc., *for the purpose of being always right.*

730. Train d'enfer, *awful row* or *racket.*

741. Délier, proverbial; *without expense, to take it out in practice.*

756. Me regarde, *my business, concerns me, he is after me.*

757. Particulier, *a private citizen.*

763. A dire d'experts, like experts, *unreservedly.*

768. Près de, formerly written, *prètes d'en.* This passage was probably inspired by the Goezman suit.

775. Telle bouche, *so-and-so.*

778. Il va le diable, *it goes like the deuce.*

796. A qui tient-il, *upon whom does it depend?* or, *whom am I waiting for?*

819. État, *position.*

820. Consistance, *consideration.*

822. Que, omit or translate *and.*

869. Chiffonnant, *sewing.*

874. Cahier, our word *quire.*

906. Par la ville, *go out.* Tour, *fermer au double tour,* "to lock securely."

914. Balordo, cf. *balourd,* "dolt."

918. Je m'en moque comme de ça, *I don't care a snap which it is.*

937. Chef, here *head;* tête, *pate.*

939. Algonquin, a race of old Canadian Indians; here then, *a savage, barbarian.*

942. Maroquin, referring to the rough grain of Morocco leather.

944. La jambe pote et circonflexe, *with plump and bandy legs.*

968. Obtienne le pas, *take precedence.*

969. C'est-il for *est-ce;* familiar style.

1025. M'estropier, *mangle my name.*

1028. Loger, *lodge* or *billet soldiers.*

1102. M'amour, cf. *m'amie* and *ma mie.*

1133. Les airs, *assume the right.*

1149. Me faire prendre le change, *throw me off the scent.* Cf. line 279.

1163. Donnons-lui beau jeu, *make it easy for him.*

1195. Odeurs, the abuse of powerful scents was supposed to produce *les vapeurs,* a name representing any kind of nervous affection, hysteria, hypochondria, etc.

1229. A Dieu ne plaise, *God forbid.*

1235. Du pied, here should be *au pied.*

ACT III

1264. Céans, archaic, here perhaps pedantic.

1304. D'amitié, *like friends.* A similar use of *de* is seen in *pâmer de joie, pâlir de rage,* etc.

1314. Seigneur for Spanish *señor.*

1320. On ne soit aux écoutes, *we may be overheard.*

1325. Enferré, fig. *put my foot in it.* From *en* and *fer,* "sword"; hence, *run myself through.*

1338. Sa main, *her handwriting.*

1355. L'a, i.e. *la lettre.* Cf. line 2028.

1380. Se garder de, *to beware of, to take care not to.*

1405. Lui donner son compte, *to settle his account, to dismiss him.*

1415. Tourné, a clever play on the word. Cf. *la tête lui a tourné.*

1479. Reprend l'être, *takes on new life.*

1523. Petite reprise, the *burden* of the song.

1545. Affaiblit son jeu, *plays low.*

1556. Toupille, *run about,* from *toupie,* "a top."

1559. Filons le temps, *spin out, prolong the time.*

1576. Cadrer, etc., *suit the present case.*

1583. Tircis, the young swain of old idyls.

1587. Gris, cf. the proverb: "La nuit tous les chats sont gris."

1605. ils, i.e. *les gens de la maison.*

1619. Y entendre, *to listen to it or to allow it.*

1633. Lanterner = *ennuyer, perdre le temps.*

1652. Qu'est-ce qu'il a, *what is the matter with it?*

1655-56. Soutenir and supporter make a witty retort when applied to Figaro's reputation.

1680. Le même objet, another of the witty remarks in this scene.

1691. Chez lui, *to his own room.*

1694. Honnête = *poli.*

1703. Moulus, *bemauled, bruised.* Cf. the modern pugilistic "mill."

1709. Par reflexion, *upon second thought.*

1719. Cabinet (*de toilette*).

1739. Nécessaire (*de toilette*) *dressing-case.*

1752. Train, *noise, row.*

1753. Ne voir goutte, *not to see at all.*

1754. Accrocher une clef has a double meaning; as we might say, "Caught or hooked on a key" and "'hooked' a key."

1763. Soyez ... rétabli. Translate, "I hope you are quite well again!" Cf. *soyez le bienvenu!*

1770. Accrocs, *delays* or *hitches.* Méchante barbe, *for one miserable shave.*

1771. Chienne de pratique, *wretched business.*

1796. Apparemment = *évidemment.*

1802. Qui diable, etc., has passed into a proverb, as also *allez vous coucher,* a few lines below.

1840. Je ne suis ... assiette ordinaire, *I feel rather out of sorts.*

1857. Ce que c'est-que de nous, more correct with the *de* omitted. Translate, "how frail we are!"

1871. On vous passerait d'y regarder, *we might excuse you for looking.*

1918. Et qui puisse, etc., *and may the deuce take you all!*

ACT IV

1941. A garder, the proverb is properly: "Ce qui est bon à prendre est bon à rendre."

1956. Votre valet, *excuse me,* in mock politeness.

1996. Fait, *case, point.*

2028. Compare line 1355.

2086. Figure atroce, *awful face* or *disguise.*

2095. Percés, *soaked through.* Aller en bonne fortune, *to go a courting.*

2130. Jeux du hasard, *freaks of chance.*

2192. Notaire, marriage before a notary was formerly valid; now it must be performed by a mayor.

2207. C'est que j'ai, *the fact is I have*, etc.

2220. Faire l'enfant, *to be childish.*

Heading. Alcade and Alguazils. See note page 28.

2271. S'émanciper, by her marriage.

2275. A ce titre, etc., *do you mean to dispute my claim to her?*

2281. Les vrais magistrats, not only a clever remark, but probably an allusion to some magistrates with whom Beaumarchais had come into collision and who did not protect the persecuted.

2298. A la bonne heure! *what do I care for money! Of course I'll keep it*, etc.

2302. Famille, *ilk, crowd.*

2310. Soyons vrais, *let us admit the truth.*

LETTRE À M. R.

Line 8. Avant d'entrer en matière, *before broaching the matter*, etc.

23. Il rassura . . . sa contenance, *he kept a calm face*, or *he showed no excitement.*

80. C'était fait de moi, *it was all over with me.* Written also *c'en était fait.*

87. Papier si précieux. This important paper was probably the commission from Louis XVI authorizing Beaumarchais to pursue the author of libellous publications against Marie Antoinette. This whole story, however, has been considered by some later writers pure fabrication.

241. On a beau jeu de rire, *one has a good hand*, etc. Translate: "One can well afford to laugh."

253. A la barre du palais. This refers, as does *blâmé*, line 247, to the condemnation of *blâme* visited upon the author by the Parliament of Paris, in February of this same year.

274. Main pote, *swollen, crippled* or *painful.* Cf. *pote* in line 944 of the *Barbier.*

281. Sur le temps, *suddenly* or *unexpectedly.*

288. Contradictions, *obstacles* or *trials.*

318. Le Salomon du Nord, evidently a reference to the king of Prussia, Frederick the Great.

338. Panglossiste, Panglosse, the tutor in Voltaire's *Candide* who constantly repeated: "Tout est pour le mieux dans le meilleur des mondes possibles." A Panglossiste would, therefore, be a pronounced optimist.

375. Conseiller aulique. The Aulic Council was the Emperor's Privy Council.

À M. GUDIN

Line 26. Son lièvre. The fable of *Le lièvre et les grenouilles*.

71. Craitches, *kreutzer.*

114. Chatouillement affadissant me monte au cœur, *a sickening irritation in the stomach,* etc.

230. Mais il faut être, etc., *but to be really honest, I had no higher sentiments at the time.*

306. Au diable l'instant que j'avais pour écrire, *mighty little time did I have for writing.*

À MA FILLE EUGÉNIE

Line 149. Fusils de Hollande. Beaumarchais remained in Holland during the Reign of Terror on account of difficulties into which he had become involved over a contract to supply the French Government with Dutch muskets.

179. Un binet, an insignificant piece of brass used in the socket of candlesticks.

182. Giroflée, gilly-flower. Cf. *giroflée à cinq feuilles.*

226. Marais, the quarter directly opposite the islands of *Cité* and *St. Louis,* so named from its low situation along the right bank of the Seine.

272. Par les jours de souffrance. This *permitted light* was so called because of coming through windows opening upon the property of a neighbor who had given permission therefor.

435. Scheherazade, the Sultana through whose lips pass the stories in *Mille et une nuits.*

GAIETE FAITE À LONDRES

Line 109. Et ne veux point abonder dans mon sens, *and I don't want to be wedded to my own opinion simply.*

CPSIA information can be obtained
at www.ICGtesting.com
Printed in the USA
BVHW030039191221
624344BV00002B/243

9 781167 792694